读懂投资 先知未来

大咖智慧
THE GREAT WISDOM IN TRADING

成长陪跑
THE PERMANENT SUPPORTS FROM US

复合增长
COMPOUND GROWTH IN WEALTH

一站式视频学习训练平台

短线交易天才
我如何在去年从期货市场赚到 100 万美元

拉瑞·威廉姆斯 著

山西出版传媒集团
山西人民出版社

图书在版编目(CIP)数据

短线交易天才/(美)威廉姆斯著；李曼译. -- 太原：山西人民出版社，2015.6（2025.3重印）
ISBN 978-7-203-08410-5

Ⅰ.①短… Ⅱ.①威… ②李… Ⅲ.①股票交易-基本知识 Ⅳ.①F830.91

中国版本图书馆 CIP 数据核字（2013）第 278749 号
著作权合同登记号：图字：04-2013-009

短线交易天才

著　　者：(美)威廉姆斯
译　　者：李　曼
责任编辑：贺　权
出　版　者：山西出版传媒集团·山西人民出版社
地　　址：太原市建设南路 21 号
邮　　编：030012
发行营销：0351-4922220　4955996　4956039
　　　　　0351-4922127（传真）　4956038（邮购）
E-mail　：sxskcb@163.com　发行室
　　　　　sxskcb@126.com　总编室
网　　址：www.sxskcb.com
经　销　者：山西出版传媒集团·山西人民出版社
承　印　者：廊坊市祥丰印刷有限公司
开　　本：710mm×1000mm　1/16
印　　张：10.5
字　　数：140 千字
版　　次：2015 年 6 月　第 1 版
印　　次：2025 年 3 月　第 3 次印刷
书　　号：ISBN 978-7-203-08410-5
定　　价：68.00

如果印装质量问题请与本社联系调换

目 录

第一章 我如何在去年从期货市场赚到 100 万 ……… 1
  美梦怎样成真 ……… 3
  幸运女神——她真的存在吗? ……… 4
  我会有怎样不同的尝试 ……… 5
  激烈竞争与商品期货交易 ……… 8
  关于非随机市场的随想 ……… 8
  坚持你的交易策略 ……… 9
  通向轻松获利的放松方式 ……… 10

第二章 我取得市场成功的关键要素 ……… 11
  市场赢家为什么会成为失败者 ……… 11
  如何管理资金并避免追加保证金 ……… 13
  30%止损法则 ……… 13
  如何判断你什么时候投机过度了 ……… 15
  几乎保证获利的金字塔式交易法 ……… 16

第三章 对新手的真诚建议 ……… 21
  股票与商品期货的重要区别 ……… 21

你必须知道的术语 ················· 28
　　关于华尔街日报 ················· 29
　　怎样选择最好的经纪人 ··············· 30
　　选择经纪公司的明智之举 ·············· 31
　　我列出的优质咨询服务清单 ············· 32

第四章　帮我一年赚到 100 万美元的基本面方法 ······· 35
　　基本面方法：它们为何如此重要 ··········· 35
　　两个重要说明 ················· 36
　　基本面工具范例 ················ 37
　　三个了解内情进行投资的工具 ············ 38
　　如何对所有的基本面消息进行评估 ·········· 48
　　由基本面做出判断之后该怎么办 ··········· 49

第五章　如何发现 10 比 1 赔率的交易机会 ········ 51
　　找到最佳的交易机会 ··············· 52
　　成就百万美元交易机会的第一个迹象 ········· 53
　　关于升水的第二堂课 ··············· 57
　　成就百万美元交易机会的第二个迹象 ········· 63
　　这些工具为何能够有效 ·············· 72
　　"钉牢"交易机会的附加工具 ············ 72

第六章　帮我一年赚到 100 万美元的交易工具
　　　　　（此前从未公开过）··············· 77
　　对技术理论的建议 ················ 78
　　势能的有效性 ·················· 78

价格变动的速度有多快？ 79
重要的时间段 81
市场上最重要的技术理论 81
如何辨别某种商品处于超卖状态 82
选择白银的交易时机 85
豆油的超额利润 87
卖空的秘诀 88
识别大豆的卖出点位 88
如何在震荡行情中交易 90
综合运用势能和%R 91
如何在牛市行情中运用工具 91
技术指标如何确认基本面情况 92
关于10周移动平均线的几条规则 93
价格的平滑波动如何发现真实的趋势 94
如何运用基本面方向指标 95
不利的一面 95
"轻松获利"的交易机会什么样 96

第七章 我怎样解读图表 99

图表中反应的内容 99
如何从图表中发现最坚挺的一种商品或一组商品 100
我如何监控图表走势 103
如何通过图表识别行情转折点 105
关于反转日的新发现 106
跳空缺口的含义 108
跳空缺口如何帮你低于正常价格买入 109

第八章 白银市场的秘密 111
    最好的方法 112
    买入信号 113
    卖出信号 114
    白糖市场的秘密 117
    特别提示 119

第九章 交易分析如何助我赚到100万美元 121
    商品期货赢家：他们的共同之处 123
    识别几个市场"博弈" 124
    我为什么喜欢输家 126
    如何成为市场赢家 126

第十章 期货市场有用的交易提示 129
    如何从早盘的剧烈波动中获利 129
    如何确定商品价格波动周期 130
    什么时候按开盘价买入 132
    什么时候使用市价委托 133
    资产规模很小的交易者如何去"测试"市场 133
    三的奥秘 134
    出现大行情的五天信号 135
    本月行情上涨的几率是多少 135
    更多关于机构投资者的信息 138
    何处设定止损点 139
    时间止损 140

如何运用心理止损 ················· 141
关于未平仓合约的最后一点意见 ·········· 141
如何预测明天的最高价和最低价 ·········· 144
我的基准价格公式 ················ 145
如何准确判断一波行情的高点和低点 ········ 146
关于交易的最后一点提示 ············· 147

第十一章 立竿见影的制胜法则 ··········· 149

今天做什么 ··················· 151
大部分时间应该花在哪里 ············· 153
关于使用技术工具的附加提示 ··········· 153
当你发现信号出现时应该怎么做 ·········· 154
你如何获利 ··················· 155
当你被止损离场时应该怎么做 ··········· 156
职业交易者如何处理他们的获利 ·········· 156
送给大家的最重要的交易建议 ··········· 157
何时获利了结 ·················· 158
何时移近止损点 ················· 158
结束语 ····················· 159
预祝大家成功 ·················· 159

第一章　我如何在去年从期货市场赚到 100 万

毋庸置疑，每个投机商都梦想着能在短短一年内赚到上百万美元。遗憾的是，很少有人能够实现这个看似不切实际的梦想。作为已经实现了这个梦想的人，我想告诉你们它究竟是如何实现的。此外，我还要告诉你们下次尝试我将会有哪些不同的做法！

市面上已经有一些关于如何在股票市场上狂赚几百万的书。尽管它们读起来很有趣（甚至可能比我写的这本书更有趣），我却觉得这些书实际上并没有明确地告诉读者如何离场并真正赚到那笔钱。买这些书的人看到的只是一个有趣的故事，却学不到任何能够帮助他获得类似成功的交易工具或交易理念。

我还一直相信，一本真正富有教育意义的好书十有八九是一部篇幅简洁的作品。也许是应了"浓缩的才是精华"这句老话，也许是因为真正伟大的见解能够被简明扼要地表达出来。我更愿意相信后一种解释。

在我所收藏的股市书籍中（我这些书的价值从 1 美元到 5000 美元不等），出于某些奇怪的原因，篇幅较短的书永远是写的最棒的。相比之下，那些大部头的股票市场教程（有时候甚至是卡式录音带）却并不尽如人意。

短线交易天才
我如何在去年从期货市场赚到100万美元

也许这个问题的答案就在于那些曾经赚到百万美元的人忙得根本没有时间空话连篇,而那些在交易上不太成功的人似乎有着更为充裕的空闲时间。

总之,无论以任何标准来判断,这本书都称不上是一本鸿篇巨作。不过,这本书准确记述了我在1973年的商品期货市场上赚到上百万美元的全过程。从本质来看,这本书就是对我赚到巨额财富的剖析,我之所以能够赚到百万美元是由于执行了明确的交易计划,绝非搭上了幸运女神的顺风车。本书将会把我常用的交易工具连同基本的交易理念一起介绍给大家。

这些交易工具和交易理念固然十分重要(没有它们你就无法获得成功),我却更倾向于认为在市场上获得成功最关键的因素在于人性。它包括洞察力、勤奋和耐性。

我妻子说我过于重视目标,说我总是从目标、水平和是否达到平衡的角度来看待一切。或许如此吧。但这似乎是达到目标的一个非常有效的方法。至少对我而言是这样。当然,如果你没有成功的洞察力,你就不会获得成功。要知道,如果你要为自己编织一个梦想——何不拿出放胆做梦的勇气?我建议你们设立远大的目标,然后在此基础上不断扩展。

几年前,我从未梦想过自己能在一年内赚到一百万美元。结果呢……我确实没有赚到。

对我而言,最强烈的激励因素之一是我对于整个市场以及其他交易商的自负情绪。尽管赚到钱值得高兴,但我发现没有什么比我意识到自己已经跑赢了市场,并将继续跑赢市场更令我有成就感。

然而,太过追求优秀有时候也会带来恶果,尤其是在涉及到自尊的时候。追求个人名利很容易驱使你为了证明自己的才能而与市场相争或是进行高风险的交易。对于个人名利的追求也会迫使你去预测每一波行情的高点和低点。这样的做法注定了你将失败。市场非常的难以对付,

第一章 我如何在去年从期货市场赚到100万

它们需要我们付出所有的精力和注意力。由于市场本身的性质,它们会耗尽我们账户上的准备金来强迫我们做出本不该做的事情。

美梦怎样成真

我可以明确地告诉大家一件事:如果你没有钱进行市场投资,那你永远也赚不到自己的百万美元!我的不少读者似乎认为只要有一个好的交易系统,钱就能从天而降了。也许吧,但是对我来说绝不是这样!事实上,我在全国各地做股票市场讲座的时候,有些人就试图连区区30美元的学费都不交就混进来,而他们的理由竟然是没有那个钱。太不可思议了!很显然,如果你已进入这个市场,那你就有这个钱。如果你既想进入市场还没有钱,那你还是先找到一个能获得现金的方法为好。

在某种程度上,我就是这样做的。1972年秋天我开始组建有限合伙企业。因为人们前来找我,并让我管理他们的账户。有时候,每个有限合伙企业由七个人组成。其他时候,每个有限合伙企业由九个人组成。作为普通合伙人,我对这些账户有着绝对的处置权。也就是说,只要我觉得合适就可以动用这笔资金。最后交由我管理的资金总共有大约30万美元。这就意味着我手头上有了充裕的资金,但是我个人投入的资金是有限的。在这30万美元当中我个人只投入了不到3000美元,但是我还向我的合伙人贡献了自己的专业技术和市场能力。这是一个让你能够获得恰当交易所必需的资金的方法。在你个人的账户中证明你具备在市场上获利的能力,你就能够吸引到更多的资金进行管理。不过,如果采用这种方式,一定要遵守当地及联邦法规的规定。

如果你想完全用自己的一小笔钱进行交易(这种方式更为常见),我建议你还是先攒到至少1万美元。最理想的情况是,你应该有2万美元。有了这样一笔资金,你就能够以专业的方式开始交易了。

准备好资金之后,就该选择合适的交易工具了。这既是你买这本书的原因，也是我写这本书的初衷。在这本书里，你将学到技术工具和基本面工具。单纯的技术工具并没有什么价值。而单纯的基本面工具也是如此。只有将技术工具和基本面工具结合起来，我才能在市场上获得了成功。一般而言，基本面的情况用来选择最可能出现大幅上涨或下跌的商品。对于基本面发现的特点行情，技术面的资料将会帮你决定何时进场，何时离场。

我的技术工具不能用于任意商品的交易，这对你我来说都是如此。这些技术工具只在期货交易中有效。这一点的重要性不容忽视。世界上并不存在完美的交易工具或交易系统。只有建立在有根据的潜在事实基础上的交易系统才有效。交易系统通常是建立在价格波动或价格趋势的基础之上，它们在震荡市中毫无用处。买入信号在熊市中将会招致灾难。

因此，你必须首先选出一两个很可能出现剧烈波动的商品——然后再利用技术工具进行操作。

有了整套的交易工具，你接下来所需要的就是敬业精神。缺少了这种敬业精神，你就无法在该工作的时候做好手头的事情。

据我所知，没有任何一项工作比投机更要求技能，更耗费心力。如果你想跟随市场的趋势，如果你想看到自己的梦想变成现实，你必须时刻保持警觉。你必须全心全意的投入这个梦想，必须每天跟踪市场的走势。

幸运女神——她真的存在吗？

我并不认为自己的成功与幸运女神完全无关。实际上，你们可能会猜测我在市场上的成功完全是出于幸运女神的眷顾。你们知道，就是在正确的时间，也就是牛市行情中做对了方向。

由于过去三周的行情对我十分不利，所以我在写这一章的时候，清

第一章　我如何在去年从期货市场赚到100万

楚地意识到幸运女神可能确实存在。在过去三周的行情中，很难做什么像样的交易。在这种时候，一个人很容易忍不住假定过去的成功更多的是出于运气而不是技巧。然而，如果一个人采取了这种失败主义的态度，他将难以恢复并再次回到正确的轨道上来。

如果说运气（或是特殊的荣幸）在我的成功中起了一些作用，那应该是幸运的结交了一些非常热情、令人钦佩的人——我的秘书詹尼斯，我的咨询顾问比尔·米汗和李·特恩布尔。就我自己而言，拥有艾尔·亚历山德拉这样一位可以信赖的经纪人也是十分有益的，他见证了我经历的辉煌和低谷。

归根到底，我得出了这样的结论：真正重要的是人和人性，能够同时给予爱和理解的人。当我们年华老去，世界依旧转动，这些才是真正有价值的事情。

将资金交由我进行管理的大部分的合伙人都是十分了不起的人。他们多半在日常生活中都是不折不扣的赢家。他们懂得向投资顾问施加任何过度的压力只会加重他的负担，并令他更难以做出决断。

要远离消极的人——也就是那些失败者和一夜暴富的大师。不论你是要追逐1万美元的小成功还是100万美元的大成就，都要与最优秀的人和最优秀的公司合作。

我会有怎样不同的尝试

过去的表现并不能保证未来的结果。然而，如果我们花点时间仔细观察我们的失误，对于过去的分析确实能够帮助我们改进未来的表现。

回顾过去的十二个月的操作，我能发现许多的失误。所以我想，如果我会出现这些失误，那么其他人同样也会。

我最大的失误在于没有对"能够赚大钱的交易"给予足够的关注。出于这样或那样的原因，我发现自己迷失在获利微薄的，甚至是没有价值的交易中。我不知道自己为什么要做那样的交易……但我还是做了。

解决我这个问题的一个有效方法就是把我做每笔交易的理由在纸上列出来。一旦把这些理由用白纸黑字写下来，我就能够迅速判断自己是在赌博还是即将进入能够赚大钱的有利位置。

市场上每天都会出现许多平庸的交易机会，但是稳赚不赔的交易机会却寥寥无几。我们常常会忽略那些最有利的交易机会。如果你想要在商品期货交易中获得成功，就不能允许上述情况发生。高风险的交易会一点一点的将你逼上绝路。我所赚到的唯一一笔巨款就是通过在做对方向时继续持仓耐心等待赚到的。快速的买进卖出交易除了支付更多的经纪人佣金，没有任何意义。你必须坚持做极可能获利的交易。忘掉日内交易，忘掉仅仅为了几个点去抢帽子或是在牛市中为了赚到回调点位而卖出。

1972年底，我的一个朋友十分看好三合板市场，当时三合板市场正在上演一波强力反弹。他确信价格将会继续上涨。然而，在价格上涨的过程中，他觉得是时候出现回调了。于是，他卖掉了多单并卖空了相同数量的空单。

这的确是一个正确的决定，因为价格确实开始回调了，接连几天，他的账户都是盈利状态。

接着，没有任何征兆，价格连续七天涨停。我的朋友还没来得及退出市场就已经亏损了62000美元。他的失误就是关注了小幅的波动，而忽视了大幅的波动。

那些收益等于风险或是仅仅略大于风险的不好不坏的交易机会，一定会毁掉所有的交易商。如果轻率的进行这些危险的交易，无论你头脑多么敏捷都将会受到损害。

这一点我深有感触！

我所学到的另一件事是要更加密切的关注市场，并在我个人的交易中使用更多的纪律。下面的例子也许能够很好的说明这一点。

第一章　我如何在去年从期货市场赚到 100 万

前几天，我买入了少量的小麦仓单，这笔交易的风险报酬率非常可观。幸运的是，小麦价格迅速涨停。这给我带来了丰厚的回报，当天的小麦价格也收于涨停板。同样重要的是，当天的波动恰好出现在突破底部的过程中（所有迹象都显示当天价格将触底），这是由于在先前的交易时段中价格先是跌停，接着才迅速回升。

第二天早上，交易大厅的迹象显示价格将大幅高开……这是由于交易大厅涌现出大量强劲的买盘。我已经准备好做一笔漂亮的交易了。

但是，如果出现任何差池，我认为价格将低开而不是高开。我告诉自己如果价格低开，我就离场观望。

结果第二天果然是低开。价格非但没有大幅上涨，反而回吐了此前的涨幅。这应该是我的卖出信号。

那么我卖出了吗？没有，我还在等，等待着价格出现反弹并重拾涨势（尽管我已经得到了卖出信号）。在开盘交易的前五分钟里，我就应该进行平仓。

贪婪驱使我决定再等一小会儿，看看价格是不是确实涨不回来了。之后的事儿你们就都知道了。价格当然没有涨回来，等到我卖出平仓的时候，每张仓单仅获利 150 美元；而如果我在得到卖出信号时就平仓，获利应该在 2000 美元左右。这一切都是因为我未能迅速平仓离场。

有些时候我们反应的过于迅速，有些时候我们反应的过于迟缓。那么哪些标准能够告诉我们何时做出恰当的反应呢？

首先，当我们试图获利的时候通常会反应过于迅速，当我们试图保住自己腰包的时候通常反应的过于迟缓。当你被迫做决定的时候，问问你自己，"我这样做是为了保住自己的腰包还是为了获利？"如果答案是为了保住自己的腰包，就要反应的更迅速。如果答案是为了获利，就要反应迟缓一些。

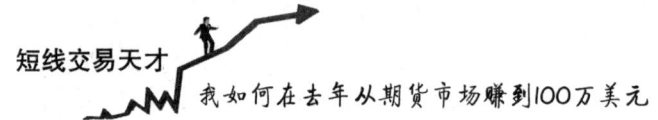

激烈竞争与商品期货交易

在我忙于通过商品期货市场成为百万富翁的同时,我还经营着两家效益不错的企业。

如果让我重新来过,除了商品期货市场之外,我绝不会将注意力转移到任何其他地方。

我前面已经提过好几次,市场是一个铁石心肠的爱人。它要求你奉献自己的全部。因此,交易者似乎应该把他所有的精力都投入这个市场。将股票、地产、债券、新发行的股票或债券等等都抛诸脑后。交易是一项每天24小时的全职工作。

出于同样的原因,当你想要去度假时,你应该100%的退出,这样你的大脑才能得到放松。当市场对你过于不利,压力大到难以承受时,就随它去。你可以离场休息,但一定要清仓。一个仓位也不能留,要彻底退出市场。

我之所以给出这样的建议有几个原因。首先,当人们去度假的时候,他们做不到设置止损,因为他们认为自己会十分留意市场行情。无论是度假还是呆在办公桌前工作,这都非常危险。我认识的一个人就曾经尝试同时做这两件事,在短短两周内,他的100000美元的有价证券就跌到了45000美元。这就是度假时不肯清仓的后果!

让你们在度假时全部清仓的另一个原因是,如果你不这样做,你的大脑会继续处于市场思维当中,你将无法放松精神,恢复创造性的细胞。

如果你坚持持有仓位,那你何必还要去度假呢?

关于非随机市场的随想

既然本章内容看上去比较漫无边际,(我想每本书都必须有这么一

第一章 我如何在去年从期货市场赚到100万

章）我准备充分利用这一章，再写一点随想。我想谈几件与市场无关却对我帮助极大的事情。

第一件就是我个人进行的体育锻炼。几年前鲍比·菲舍尔（美国国际象棋世界冠军）与前苏联棋王对战（后将其彻底击败），我从中收获了不少市场洞察力和杰出的知识才能。在俄国人刻苦训练，研究每一步棋的走法之时，后来彻底战胜了斯帕斯基的菲舍尔也正在积极备战。不过，菲舍尔进行的是体能训练。他慢跑、游泳、举重、注意自己的饮食。通过体能训练，他把自己的意志和身体都磨砺的像刀尖一样锋利。他在使体能进入状态上花费的时间几乎与心理进入状态花费的时间一样多。

市场上的交易商也应该采取这种方式。毫无疑问，在我身体状况最好的时候我的表现最佳。几百年前，柏拉图告诉他所有的学生，如果他们想要成为学生中的佼佼者，就要将健康和身体状况保持在最佳水平。

近来，据《今日心理学》杂志介绍，经常进行体育锻炼的管理人员比他们没有参加体育锻炼的竞争对手更富有创造力，更善于随机应变，并且能够更迅速地做出更好的决策。

我并不是建议你们成为穆罕默德·阿里（拳击运动员）。我要说的是，如果你的腰围有点粗，腿部肌肉有点松弛，提起笔来就呼吸短促（更不用说散步了），你最好对自己的身体健康重视起来。你需要每一分健康去进行市场交易。

坚持你的交易策略

在后面的章节，我将会告诉大家我获得市场成功的交易策略。你们迟早会形成自己的交易策略，但是像我一样，你们也会脱离交易策略，碰到问题，然后再回归到交易策略上去。这就如同节食减肥。当你坚持一个良好的饮食习惯，减肥并非难事。遵循你的计划，你就能迅速告别

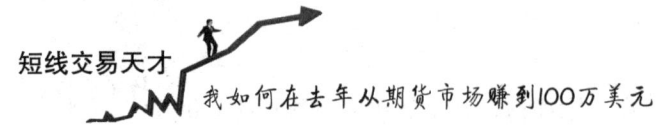

过去辛辛苦苦赚血汗钱的日子。如果你不准备按照计划操作,那你何必要制订它呢?

导致在市场上出现损失的罪魁祸首就是无力制订或是遵守理性的计划。我和你们最大的弱点都是偏离了自己预设的轨道。

通向轻松获利的放松方式

我还发现放松有助于在市场中获利,因为每天的供求之间的较量都会在我的大脑中打结。拿出时间来放松心情至关重要。我们可以通过冥想、业余爱好,或者一些特定的体育运动或是需要技能的活动,来迫使你把精力从市场转移到体育运动中去。对我而言,最好的放松方式是垂钓和打手球。对于其他人而言,最好的放松方式可能会是打高尔夫,打保龄球,集邮或者针灸。

只要你能够放松,通过什么方式并不重要。

现在该向你们展示通往市场成功的途径了。我将打开的这扇大门能够改变你的整个生活方式。这个方法是有效的。理解并抓住这个方法的要点需要花费你一些时间,但是你可以通过认真的阅读、思考和理解以下几页内容来做到这一点。

第二章　我取得市场成功的关键要素

市场赢家为什么会成为失败者

虽然我成功地从商品期货市场上大赚了一笔，但是我在预测未来的价格方面绝对不是最棒的。然而，当那些真正的预测奇才陷入破产时，我却能幸免于难。在这场比赛中我能够成功的保持领先地位，主要是通过对资金的正确管理，而不是比其他比赛者更聪明。

给大家举个例子。在我认识的众多经纪人当中，有一个人喜欢专门研究一两个商品。他最喜欢的是白糖，而他对白糖价格的预测确实十分了不起。虽然我没有具体核实过，但是我敢说这个人在白糖市场上的命中率（在白糖市场上）大约为80%，远远高于平均水平。

更重要的是，布雷特（化名）能够预测出白糖市场的大幅波动，并且能够正确的预测出这些波动的持续时间。尽管有着这种"天分"，布雷特还是在1973年春天被市场彻底打败了！想象一下——一个有着如此预见能力的人都沦为了失败者，濒临破产，在他的公司、朋友和客户面前遭受羞辱。

布雷特的惨败是他资金管理知识的匮乏造成的。如果他已经掌握了

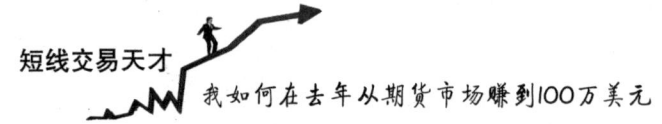

资金管理的知识（我强烈的感觉到应该是这种情况），那他的惨败也可能是因为他忽略了选择一条合适的路径。

布雷特的发现显示出，1973年3月的白糖将会从6美元涨到10美元，从而使得每投入1000美元就能产生4000美元的收益。布雷特开始在5.75美元到6.00美元之间买入。他高兴的看到市场迅速从这个价位上涨到8.50美元，他的资金也因此翻了一番。

布雷特就在8.50美元卖出平仓，等待着新的买入机会。之前投入的每个10000美元现在都变成了20000美元。当他再次在7.50美元处发现买点时，他再度进场，并且用光了全部的资金。

虽然价格后来正如布雷特所预测的那样涨到了10美元，但是现在价格却是下跌的，只用了七天时间，他新开的白糖仓位就已经亏损了10000美元，此时他进行了止损。虽然这个亏损交易中的跌幅远远小于此前盈利交易中的涨幅，但是布雷特还是回吐了所有获利，重新回到了原点。这是因为比起第一笔交易，他在第二笔交易中买入了更多的仓单。

布雷特勇气十足……他不会被一次亏损的交易打垮。很快，他又重新进场，很努力的证明自己比市场更强。他一定要证明这一点！

他确实是这么做的。他在7.50美元的价位重新开立了白糖仓位，然后欢欣鼓舞的看着价格一路飙升到10.50美元。他又重新回到了胜利的一方。现在，他拥有了规模巨大的权益，因此他认为采用金字塔式交易法追加买入或是把本金与盈利都投进去是安全的。在每一张7.50美元买入的仓单，他又追加了三张仓单。他重仓等待着大行情的来临。遗憾的是，他等待的大行情并未出现。

实际上，就在第二天（往往是以这样的方式发生）白糖价格暴跌。在布雷特退出市场之前，这个甜蜜的东西已经下跌了1.50美元。此时此刻，布雷特已经资不抵债了。

之所以会发生这样的事，是因为他有三张多头仓单，买入价是

10.50美元，价格跌至9.00美元时共计亏损5040美元；而当他最终被迫离开市场时，他在7.50美元买入的仓单仅有1680美元的获利。

尽管布雷特的预测惊人的正确，他还是沦为了失败者，因为他采用了金字塔式交易法……在市场价格上升时追加买入。

还有一个例子，我认识一个资金量有250000美元的交易商，并且眼看着他的资金在短短五周之内不断缩水直至清零。这个人的问题本质上和布雷特一样，只是在形式上略有不同。他没有采用金字塔式交易法，而是盲目的投资——把他250000美元的巨额资金全部压在看多活牛价格上。当活牛价格跌停，包括这个"大资金"玩家在内的许多投资性交易商都被击垮了的时候，他的交易也彻底终结了。那句"把所有的鸡蛋放在同一个篮子里"的老话用在这里十分的贴切。

盲目投资是资金管理中的大忌。在大多数情况下，金字塔式交易法也会让你以陷入与盲目投资类似的境地而告终。

如何管理资金并避免追加保证金

类似上述的失败屡见不鲜。甚至还有更严重的情况，许多失败甚至导致了自杀、挪用公款等等。如果这些人遵循我的资金管理哲学，前面列举的情况都可以避免。我的资金管理哲学的基础是，我深信自己绝对不能在任何一个特定的时间进行过多的交易；绝对不能令自己暴露于过高的风险之下；绝对不能将过高比例的资本用于投资。下面是我的三步法。

30%止损法则

这就是能够令你在商品期货交易中获得最终成功的主要法则。遵守这条法则你就能够成功，即便在你出现亏损的时候也能赢得市场。如果你对于这条法则哪怕存有一丝的轻视，我一定会希望你有良好的关系能够让你快速获得贷款——你一定会需要的！如果你不听从这一建议，市场会把你彻底击垮，直到你亏完最后一分钱。你们要知道这一点是确定无疑的。

我的 30% 止损法则十分简单：一旦你在商品期货市场上投入了全部资金的 30%，立刻停止投资。这条法则同样适用于股票市场，不过由于股票的波动性较小，你可以把这个比例提高到 50%。

这就意味着你必须先拨出一部分资金用于交易。可用于交易的资金越多，你获得成功的几率就越大。顺便说一句，比方说你的生活非常顺利，你决定拿出 20000 美元进行商品期货交易。我强烈建议你把这 20000 美元全部交给你视若朋友的经纪人。

下一步就是开始交易（我在其他章节会详细讲解）。当你的总持仓达到 6000 美金时，你一定要停止开新仓。记住——遵守这条法则你就能够获得财富，无视这条法则你就会遭受损失。

我奉劝刚刚入市的新手以及缺乏经验的交易商把这个比例降到 20%。

只要你一直把投入的资金控制在 30% 以内，你就永远不会被市场击垮。你会出现失误——我们都会不停的失误，但是你仍然会有足够的资金和韧性卷土重来，迎接下一次赚钱的交易。

有些时候你可能想碰碰运气，投入全部资金的 50% 到 90%。那没有关系，但是无论你赚了钱还是亏了钱，都不要归因于我。我完全不赞成那种投机行为。我只需用投入商品期货市场资金的 20% 到 30% 就能够保证一年 100% 以上的收益，从而赚到足够多的钱。你们同样能够做到。永远不要把自己陷入困境和悲剧。

第二条法则是一句非常古老的格言。我想，这不仅是华尔街最古老的格言之一，可能也是最少被遵守的格言之一。这条法则很简单，就是"及时止损"。它的意思是，平掉不利的持仓，及时斩掉不好的仓位。

第二章 我取得市场成功的关键要素

每本书、每份市场报告都会提到"及时止损"这个词,但是他们却从未实际运用过!

从事商品期货交易是一项风险非常高的投机活动。商品期货交易能够从经济、情绪和身体健康上一举击垮成千上万的玩家。它令千千万万的玩家英年早逝,令许多家庭分崩离析,也是众多毁灭性打击的罪魁祸首。而这些悲剧都能够通过及时止损来避免。

讲到这里,我想说的是,一个人绝对不能持有六个以上的商品期货仓位。一旦你持仓超过七个,你就会把自己的精力弄得过于分散。你会过分地依赖自己的运气。我自己就是一个很好的例子。人们都认为我特别聪明,还有传言说我接受过良好的教育,获得过专门的学位等等。我也把自己的全部青春奉献给了市场。我能说出 1934 年 7 月玉米的卖出价,或者是 1965 年 11 月加拿大温尼伯商品交易所的亚麻籽期货最后交易日的价格。我几乎把整个工作日都花在研读市场数据、盯盘,判断市场上……

但是,无论怎样努力,我也无法同时跟踪八个以上的持仓。

我认为你们也无法做到。不要把这件事作为挑战。你无需向我或是你自己证明什么。这就是做交易的一个简单的真相。一旦持仓过多,我们就会陷入混乱,并损失资金。要么是我们会把本应跟踪的内容抛诸脑后,要么就是过多的持仓会让我们过分地依赖运气。

在我所有的交易中,只要是我抱着赌博的心态重仓持有,我就没有做对过。每当我们对自己能够获利深信不疑时,这次交易我们就做不对。请一定遵守这条法则!

如何判断你什么时候投机过度了

仅仅告诉你们永远不要让自己的持仓超过六个可能还不足以保证在市场中获利。关于这一点,也许我应该进一步说明。有些时候,仅仅是

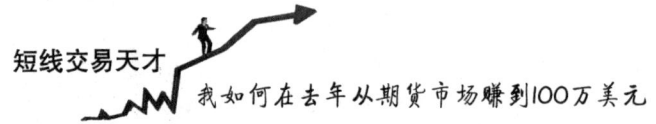

两个持仓就能让你压力过度,并将你暴露在巨大的风险之下。

判断你是否正在赌运气——是否即将遭受巨大的失败——一个最可靠的方法就是你突然感到自己无所不能!我的好朋友莫特·克利夫兰说,当你觉得自己就是电影中的金刚,并且确信美丽的女主角费伊·蕾(注:电影《金刚》中的女主角)将要与你共浴爱河的时候,你就是在赌运气!

虽然我从未想过与费伊·蕾共浴爱河的可能性,但是我确实了解自我感觉像金刚的感受。你确实开始觉得市场没有尽头,你能够把握整个世界,并且将会在下周五之前成为百万富翁。这种感觉会在你即将投资失败那天的开盘几个小时内达到顶峰。一旦投资失败,你除了砍仓并等待重新入场的时机之外别无选择。请记住,人们最终捕获了金刚!

几乎保证获利的金字塔式交易法

1. 一个安分古板的人怎样进行金字塔式交易

我的那些非同凡响的交易商朋友常常完全依赖运气做交易,他们设计出各种花里胡哨的金字塔式交易法来帮助他们赚到百万美元。他们认为我是个有点安分古板的人。因为我不会用他们那样的方式支配资金。我的金字塔式交易法就是安分守己,稳扎稳打。他们觉得我过于谨慎,可能是这样吧。但是,我才是最后的赢家,因为他们还没有从市场上赚到过钱,更不用说跟我一样赚到一百万了。

2. 如何设定止损点位

其实我经常无法决定在什么点位设定止损。比尔·米汗在商品期货交易中是一位真正的天才,由于他教会了我如何止损,所以我在市场中的成功大部分都要归功于他。经过他的指点,我才能在交易中成功的使用止损。

比尔的止损理念十分精妙，以至于我不得不拿出至少一周的时间来吸收理解他所传授的内容。

比尔的观点是，设定止损的目的是为了保护资金。这是设定止损唯一的作用。因此，你不用担心应该把止损点设定在价格波动图表上的什么位置。在今天的收盘价下方设定止损与保护资金毫无关系。源自比尔的理念是，应该把止损点作为防范风险的手段。我认为，这就意味着你应该为所有的交易设定止损点，这样就算这笔交易做得不对，你的损失也不会超过全部资金的5%。也就是说，如果你的账户上有10000美元，你能允许的任一持仓的亏损金额都不能超过500美元。

如果你严格遵守这条规则，你就能在出局之前承受住连续二十笔交易都做错了方向的打击。如果你创出了什么非常"精准的"交易系统，那么写这本书的作者应该是你，而不是我！

还有一条铁打的规则是，对于那些亏损金额可能会在5%以内的交易也要设定止损。如果你想要跟随我的脚步，就一定要遵守这条规则。

3. 如何判断买入仓单的数量

我通过确定自己愿意承受的下跌幅度来决定买入某种商品期货的数量。这个限度就是我所能够忍受的范围。

我们以活牛期货为例。假设我管理的资金有20000美元。自然地，我一定会遵守自己的准则，将亏损控制在5%之内。也就是说，我能够忍受的亏损金额为1000美元，这样我还能有95%的剩余资金。

我对于自己的持仓所能够容忍的波动幅度不超过100点或400美元，由此我便得知自己可以买入两手仓单，如果每手仓单亏损100点或400美元，乘以两手后的亏损就是800美元。这刚好在我给自己设定的5%的亏损限度以内，因此我知道自己能够承受的持仓为两手。我一定不会持有三手仓单。

结合图表分析以及多年来对市场的洞察力，我可以判断风险敞口，并以此为依据设定止损点位。正如大家所知，任何竞争激烈的市场都存在着许多灰色区域。因此，关于市场行情将如何演变从未有过绝对准确的答案。

我们没有可以借鉴的规程或是先例。我们非常希望芝加哥金融中心的伟大神灵一直保佑着我们前行。

这并不妨碍我们将亏损5%作为我们所能承受的最大风险。相反，我们可以从5%这一数值中判断出我们能够买入或做空仓单的手数。

4. 如何在亏损中获胜

如果你谨慎地遵循前面提及的管理资金策略，即便是你的全部持仓都处于亏损状态，你也能够在市场中获胜。看起来似乎不可思议，但这是真实的。遵循上面提到的准则，你就能够摆脱市场中最常见的失败原因——恐惧以及资金不足。

遵守我们讲的管理资金策略能够令你免受追加保证金的困扰——因为你的账户上有着充足的保证金。即便在最为不利的情况下，你也能够保持头脑的清醒，并且拥有足够的资金卷土重来。

相比之下，那些盲目投资、不设定止损，并且试图持有七个以上的仓位的可怜的家伙将会在市场中被打得落花流水。即使没有亏光全部的资金，他也会在下一次能够获利的交易机会来临时丧失踏入市场的勇气。

你只有在心理上和资金上都做好了准备才能进行交易。永远保持这一立场。民谣歌手琼·贝兹的几句歌词没准能帮我把重点讲的更清楚。

"曾经多少次你听到有人在说，'如果我有他那么多钱我就能随心所欲'，但是我发现与有着一颗满足的心的人相比，世界上最富有的人也不过是个穷光蛋……"

保持这种内在的满足感，市场交易就会变得容易。这也只是一种表象，但是这种内在的从容与幸福只能通过正确的管理资金来获得。

5. 小结

在这一章里，我重点强调了资金管理的重要性。我希望你们能像所有商人一样，按照系统的计划管理自己的资金。你不会盲目投资或是采用金字塔式交易法。你清楚自己要买入几手仓单，持有多少仓位，自己能够承受多大的损失。

敏锐的读者可能会在亏损 2% 或 3% 的位置设定止损，而不是我给出的亏损 5% 的位置。这很好……你可以调整自己的止损点位，但是不要在自己的钱上太慷慨，不要让亏损超过 5%。

牢记以下规则，然后按照规则进行交易。

（1）开立一个从事商品期货交易的资金账户。

（2）把全部资金交给自己的经纪人。（如果你的资金超过 20000 美元，最好要求你的经纪人买入至少 10000 美元的短期国债，这样你储备待用的资金——也就是你全部资金的 70%——一直在生息。）

（3）当你的资金占用达到 30% 时，停止投资。不要再开新的仓位。

（4）绝不允许任何一个持仓的亏损金额超过你全部资金的 5%。

（5）绝不同时持有六个以上的持仓。持有三到四个持仓的结果会好的多。不要让自己的精力过于分散。

（6）永远不要采用金字塔式交易法或是盲目投资！

（7）确定要买入仓单的数量，绝不超出这个数量的限制。

（8）在亏损百分比的基础上设立止损点位。

第三章 对新手的真诚建议

股票与商品期货的重要区别

我所见过的商品期货交易商几乎全部经受过股票市场的洗礼。这些交易商从新手做起投身商品期货市场的原因有两点：一是他们意识到了行情就出现在商品期货市场；二是他们已经没有足够的钱来维持自己的股票账户。

由于大多数人是先进入股票市场，然后才转到商品期货市场，所以他们对于商品期货知之甚少。此外，大众媒体也严重忽视了商品期货市场。我们能够从大部分广播电台收听到道琼斯工业指数每小时的变化，从主要电视台收看到夜间市场的扼要重述，但却无法通过大众媒体得知美国波动最快的市场的情况。

商品期货市场的新手还面临一个阻碍，就是大部分经纪人没有获得代理商品期货的执照。所有的投资顾问都对商品期货交易小心翼翼，金融撰稿人似乎也十分钟情于吓唬初学者，使他们不敢踏入这个非常值得参与的领域。也许他们是正确的，但我的银行账户似乎并不不同意他们的说法。

商品与股票大不相同。二者唯一的相同之处是都在自由竞价市场中进行交易。仅仅有这一点相同之处。

股票代表了一家企公司可能发生的情况，或者最多代表了公司的股价。世界上没有人需要买100股，也不存在对于证券本身的内在需求。

显然，商品并非如此。因为它们是"真实的"。人们必须食用玉米，伊士曼柯达公司（Eastman Kodak）必须使用白银。有时候，农民种出过多的大豆导致产量过剩。不论何时，商品的未来价格都是以供求情况为基础的。对于股票而言，肯定不存在真正的供求，因为没有人必须持有股票，哪怕只是一股。与商品不同，股票对于人们而言没有强烈的激励因素。

一只股票的未来价格是基于对收益在未来会变得更好或更糟的虚构的判断，而仅仅是收益的变化也不会总是引发价格的上涨。而对于商品而言，价格直接与真实的供求要素相关。

由于这一事实，商品市场更为可靠，当然也更容易预测。这是因为我们可以确定哪些因素正在控制市场——主要还是那些必须买入商品的商业利益集团。通用磨坊公司（General Mills）就是一个很好的例子。这家公司必须买卖的是小麦，一般来说，这些大公司对于买卖原料十分擅长。归结起来，把聪明的市场参与者与不太聪明的市场参与者区分开，就能得到一个比较公允的未来价格。

商品期货交易商还有另外一个优势——那就是选择。

只要我想学并且想跟着他开户，我就不会继续对市场一无所知。我会学习相关的基础知识，比如保证金，最小变动价位等等。实际上，我一定会远离那些一开始就怂恿我进行交易的经纪人。你所需要的就是学习市场的构成。

一家好的经纪公司能够为你提供一份列表，上面列有交投活跃的商品期货品种现行的保证金要求以及最小变动价位。有了这份列表，你就可以计算出自己将会赚到多少钱了。下面就是一份列表。不过，保证金经常出现调整，所以不要只依赖这份列表。

第三章 对新手的真诚建议

商品	交易所 & 交易时间（纽约时间）	合约单位	最小变动价位 每磅，蒲式耳，箱，等等	最小变动价位 每张合约	最大波动值 每日停板限额	最大波动值 每日价格最大波动限制	美国消费电子协会（CEA）公布持仓限额
大麦	温尼伯粮食交易所 10：30 - 2：15	5,000 蒲式耳	1/8 美分	6.25 美元	10 美分	20 美分	无
去骨牛肉	芝加哥商业交易所 10：15 - 1：45	36,000 磅	0.025 美分	9.00 美元	1.50 美分	3.00 美分	25 手合约
进口去骨牛肉	纽约商品交易所 10：15 - 1：45	30,000 磅	0.02 美分	6.00 美元	1.50 美分	3.00 美分	25 手合约
肉鸡（1972年4月生效）	芝加哥期货交易所 10：15 - 2：05	28,000 磅	0.025 美分	7.00 美元	2.00 美元	4 美元	无
活牛	芝加哥商业交易所 10：05 - 1：40	40,000 磅	0.025 美分	10.00 美元	1.00 美分	2.00 美分	25 手合约
育肥牛	芝加哥商业交易所 10：05 - 1：40	42,000 磅	0.025 美分	10.50 美元	1.00 美分	2.00 美分	25 手合约
肉用公牛	芝加哥期货交易所 10：10 - 1：50	40,000 磅	0.025 美分	10.00 美元	1.50 美分	3.00 美分	25 手合约
可可	纽约可可交易所 10：00 - 3：00	30,000 磅	0.01 美分	3.00 美元	1.00 美分	2.00 美分	无
咖啡	纽约咖啡 & 糖类交易所 10：30 - 2：45	37,500 磅	0.01 美分	3.75 美元	2.00 美分	4.00 美分	无
铜	纽约金属交易所 9：45 - 2：10	25,000 磅	0.05 美分	12.5 美元	2.00 美分	4.00 美分	无

玉米	芝加哥期货交易所 10:30 - 2:15	5,000 蒲式耳	1/8 美分	6.25 美元	8 美分	16 美分	2000,000 蒲式耳
棉花（#2）	纽约棉花交易所 10:30 - 3:00	50,000 磅	0.01 美分	5.00 美元	2.00 美分	2.00 美分	50 手合约
蛋类，带壳（1972年3月生效）	芝加哥商业交易所 10:15 - 1:45	(750盒) 22,500 打	0.05 美分	11.25 美元	2.00 美分	4.00 美分	25 手合约
鱼粉	国际商品交易所（纽约生产） 9:45 - 2:45	100 公吨	5 美分	5.00 美元	5.00 美元	10 美元	无
亚麻籽（明尼阿波利斯）	明尼阿波利斯谷物交易所 10:30 - 2:15	1,000 蒲式耳	1/8 美分	1.25 美元	15 美分	30 美分	200,000 蒲式耳
亚麻籽（温尼伯）	温尼伯粮食交易所 10:30 - 2:15	1,000 蒲式耳	1/8 美分	1.25 美元	15 美分	30 美分	无
生猪	芝加哥商业交易所 10:20 - 1:50	30,000 磅	0.025 美分	7.50 美元	1.50 美分	3.00 美分	25 手合约
木材（1972年5月生效）	芝加哥商业交易所 10:45 - 2:15	100,000 基圆直径英尺	每 1,000 基圆直径英尺 10 美分	10.00 美元	每 1,000 基圆直径英尺 5 美元	10 美元	无

第三章 对新手的真诚建议

汞	纽约金属交易所 9：50－2：30	（760磅）10量瓶	1.00美元	10.00美元	50.00美元	100.00美元	无
燕麦（芝加哥）	芝加哥期货交易所 10：30－2：15	5,000蒲式耳	1/8美分	6.25美元	6美分	12美分	200,000蒲式耳
燕麦（温尼伯）	温尼伯粮食交易所 10：30－2：15	5,000蒲式耳	1/8美分	6.25美元	8美分	16美分	无
橙汁（冷冻浓缩橙汁）	纽约棉花交易所 10：15－2:45	15,000磅	0.05美分	7.50美元	3.00美分	3.00美分	25手合约
钯	纽约商品交易所 10：20－12:55	100盎司	5美分	5.00美元	4.00美元	8.00美元	无
铂	纽约商品交易所 9：45－1:30	50盎司	10美分	5.00美元	10.00美元	10.00美元	无
三合板（芝加哥）	芝加哥期货交易所 11：00－2:00	69,120平方英尺	每1.000平方英尺10美分	6.91美元	7.00美元	14.00美元	无
三合板（纽约）	纽约商品交易所 11：00－2:05	70,000平方英尺	每1.000平方英尺10美分	7.00美元	6.00美元	12.00美元	无
猪腩	芝加哥商业交易所 10：30－2:00	36,000磅	0.025美分	9.00美元	1.50美分	3.00美分	25手合约

马铃薯,爱荷达州	芝加哥商业交易所 10:00 - 1:50	（50,000磅）500百磅	1美分	5.00美元	35美分	70美分	25手合约
马铃薯,缅因州	纽约商品交易所 10:00 - 2:00	（50,000磅）500百磅	1美分	5.00美元	35美分	70美分	25手合约
丙烷（石油醚气体）	纽约棉花交易所 11:00 - 3:30	100,000加仑	0.01美分	10.00美元	0.50美分	0.50美分	无
油菜籽	温尼伯粮食交易所 10:30 - 2:15	1,000蒲式耳	1/8美分	1.25美元	15美分	30美分	无
黑麦（温尼伯）	温尼伯粮食交易所 10:30 - 2:15	5,000蒲式耳	1/8美分	6.25美元	10美分	20美分	无
白银（芝加哥）	芝加哥期货交易所 10:00 - 2:25	5,000盎司	0.10美分	5.00美元	10.00美分	20.00美分	无
白银（纽约）	纽约金属交易所 9:30 - 2:15	10,000盎司	0.10美分	10.00美元	10.00美分	10.00美分	无
银币	纽约商品交易所 9:25 - 2:15	面值10,000美元；10包	每包1.00美元	10.00美元	每包100.00美元	200.00美元	无
高粱/蜀黍	芝加哥商业交易所 10:30 - 2:15	200,000磅 3,635.5蒲式耳	每英担0.025美分	5.00美元	15美分	30美分	25手合约

第三章 对新手的真诚建议

豆粕	芝加哥期货交易所 10:30-2:15	100 吨	5 美分	5.00 美元	5.00 美元	5.00 美元	25 手合约
豆油	芝加哥期货交易所 10:30-2:15	60,000 磅	0.01 美分	6.00 美元	1.00 美分	2.00 美分	25 手合约
大豆	芝加哥期货交易所 10:30-2:15	5,000 蒲式耳	1/8 美分	6.25 美元	10 美分	20 美分	200,000 蒲式耳
白糖，国内(#10)	纽约咖啡&糖类交易所 10:00-2:50	112,000 磅	0.01 美分	11.20 美元	0.50 美分	1.00 美分	无
白糖，国际(#11)	纽约咖啡&糖类交易所 10:00-3:00	112,000 磅	0.01 美分	11.20 美元	0.50 美分	1.00 美分	无
锡	纽约金属交易所 10:20-1:45	11,200 磅	0.05 美分	5.60 美元	8.00 美分	16.00 美分	无
番茄酱	纽约棉花交易所 10:45-3:15	26,500 磅	0.02 美分	5.30 美元	2.00 美分	2.00 美分	无
小麦（芝加哥）	芝加哥期货交易所 10:30-2:15	5,000 蒲式耳	1/8 美分	6.25 美元	10 美分	20 美分	200,000 蒲式耳
小麦（堪萨斯州）	堪萨斯城期货交易所 10:30-2:15	5,000 蒲式耳	1/8 美分	6.25 美元	10 美分	20 美分	200,000 蒲式耳

小麦(明尼阿波利斯)	明尼阿波利斯谷物交易所 10：30 - 2：15	5,000 蒲式耳	1/8 美分	6.25 美元	10 美分	20 美分	200,000 蒲式耳
未脱脂羊毛	纽约棉花交易所 10：00 - 2：30	6,000 磅	0.1 美分	6.00 美元	5.0 美分	5.0 美分	25 手合约
毛条	纽约棉花交易所 10：00 - 2：30	5,000 磅	0.1 美分	5.00 美元	5.0 美分	5.0 美分	25 手合约

资料来源：希尔森—汉密尔公司提供

你必须知道的术语

下面给大家简单总结几个商品期货市场的基本术语。稍后我会详细讲解这些术语的重要性。我们现在的重点是让大家理解这些术语的含义。

卖空——与卖空股票的意思相近。你认为价格将出现下跌，因此现在卖空商品，期待以更低的价位买入平仓，从而在价格的下跌中赚取利润。

现货商——是能够推动市场行情的人。他们是国内该商品的大买家和大供应商。其中包括诸如伊士曼柯达公司（Eastman Kodak），通用磨坊公司（General Mills），皮尔斯伯里食品公司（Pillsbury）等等。

自营经纪人——是指直接在芝加哥交易大厅进行交易的人们。总的来说，这些人并不精明。

场内交易人（红马甲）——商品期货市场上没有专家，只有场内

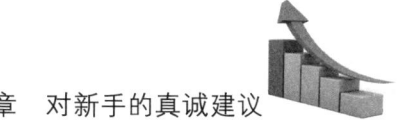

交易人和场内经纪人。奇怪的是，他们当中的一大部分都不是什么智力超群的人。芝加哥期货交易所每年的人员流动大约在50%左右。这就告诉我们，这些人大多数都是失败者。不过，在市场中获胜的人确实获利颇丰。

实物交割——不要相信你的经纪人关于商品交割的说辞。除了活畜、鸡蛋和可可之外，进行实物交割只是意味着多了几纸文件，多付一些费用。通常情况下，进行实物交割所需花费不多。经纪公司害怕进行实物交割，但是一个曾经做过实物交割并且将继续不断进行实物交割的人告诉我，实物交割不是什么大不了的事情。它只是意味着你拥有了这些商品，并不是说这些商品将被运到你的门前！

最后交易日——是指某一商品期货合约在合约交割月份中进行交易的最后一个交易日，也就是说，9月21日是鸡蛋9月合约的最后交易日，过了9月21日，市场上就不再有当年9月的鸡蛋合约。

关于华尔街日报

《华尔街日报》是一份很出色的出版物，我对它也没有任何不满。然而，《华尔街日报》所提供的商品期货市场资料并不是最好、最全面。它的商品期货版还有许多有待改进之处。它并没有对所有的商品期货品种进行跟踪，它所公布的成交量也只是估计值，并不是实际数字。要相信还有更好的消息来源。

我向大家介绍的是《商业日报》。这份优秀的报纸几乎列出了所有的商品期货品种——甚至包括很少提及的商品期货品种，像蜀黍、国内白糖、杂交种羊毛以及未脱脂羊毛。

你还会发现《商业日报》是未平仓合约数量（后面会详细讲解）和每日成交量的第一参考。对于许多交投活跃的商品期货品种，《华尔

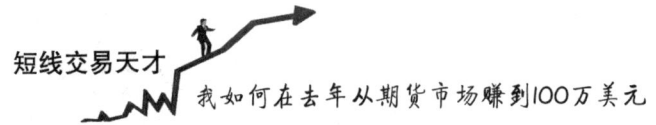

街日报》并未向订阅者提供未平仓合约数量和每日成交量。

《商业日报》一年的订阅费是42.00美元，大家可以写信到《商业日报》进行订阅，地址是纽约市华尔街99号，邮编10005。我认为，《商业日报》的每日市场评论也比《华尔街日报》更好。

有些时候，《华尔街日报》似乎成了崭露头角的金融撰稿人的训练场，他们能够把市场写的面面俱到，但你读完却一无所获。如果你从事商品期货交易却不读《商业日报》，那你就像是穿了一双铅做的靴子去踩水。

怎样选择最好的经纪人

既然你已经迅速学会了如何在商品期货交易中赚到自己的百万美元，现在就该选择一个经纪人和一家经纪公司了。首先，我想重点讲解怎样选择经纪人。不过，有一点大家一定要理解，迄今为止，我从未见过一个持续盈利的经纪人。

是的，从未见过！

当然，偶尔也会有一些非常不错的经纪人，但是他们总是以亏了客户的资金，客户流失而告终。他们都是输家。如果我说错了请大家给我纠正。我并不是暗指经纪人不可信赖或是经纪人并没有把你的利益放在心上。我只是想说他们的工作碰巧是最难做的工作之一，并且令人遗憾的是，公司也没有对他们进行任何关于预测价格的培训。公司只想让经纪人卖出经纪服务，赚取佣金收入。而客户是盈利还是亏损对于公司而言无关紧要。

我们没有需要严格遵守的司法判决，没有人员伤亡或可疑来电。我们要么赚钱，要么亏钱，我们的账户道出了全部实情。如果你的经纪人无法提供证据证明他过去的成功，我的建议是不要找他。因此，我的评

第三章 对新手的真诚建议

判标准是不考虑新入行的商品期货经纪人，除非他有在经纪公司进行交易的真实数据能够证明他是赢家。

请不要被误导——如果你只是让你的经纪人执行你的交易指令，那么你可以选择市场上的输家作为你的经纪人。你会发现征求他的意见或是寻求他的建议都是白费力气。

我想要的经纪人不会通过电话骚扰我，并且知道在我想做决定时我能够做出自己的决断。我会跟我的经纪人交流我的需求。他十分清楚自己的作用是为我提供信息，而不是意见，并且能够尽可能好的执行我的指令。就我而言，超越这些以外的事情都不是良好的经纪人与客户的关系。

选择经纪公司的明智之举

人们对商品期货市场失去好感可能主要是由与你打交道的人的品质造成的。大部分商品期货经纪公司都面临残酷的竞争，自身资金也十分有限，它们会赚走你所有的钱。这些经纪公司既没有技巧，也没有责任心。特别是在那些只从事商品期货交易的经纪公司当中，只有两家是我所能认可的公司——克莱顿商品期货公司（Clayton Commodities）和康迪商品期货公司（Conti Commodities）。

对于这些公司我甚至还有一些保留意见。但是，那是另一回事了。单单因为一般性原则，我就不会在西格尔交易公司开立交易账户。

原则上，我们要选择的经纪公司的资产应该超过1400万美元，并且必须是各家交易所的结算会员，而不仅仅是交易会员。这样的话，在公司无力清偿债务时，你才能得到更好的保障。

我冒昧的告诉大家，你们的资金放在既从事股票交易又从事商品期货交易的公司比较安全。类似这样的公司有海登斯通证券公司

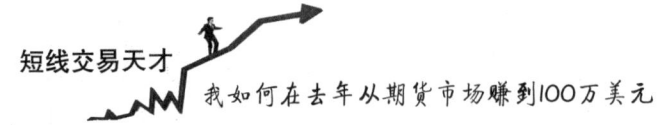

(Hayden Stone)、EF 赫顿证券公司（E.F. Hutton）、雷诺证券公司（Reynolds）、美林证券（Merrill Lynch）、添惠公司（Dean Witter）等等。然而，我只会选择大型的证券公司，即便这样，我也不会轻易相信他们的交易建议。那些所谓的专家根本无法用自己的资金证明他在市场上的成功，因此，做自己的投资顾问远比听取那些"专家"的意见要好得多。

我列出的优质咨询服务清单

从某种程度来讲，咨询服务能够为你提供一些方便。比如通过咨询服务，他们会提醒你一些你可能没有注意到的交易机会。他们还会向你提供一些深刻的市场见解。如果你找到了某个十分有效的咨询服务，你甚至可能根据他们的建议进行操作。然而，在读完本书之后，你应该能够学会自己下达交易指令。

咨询服务很像兄弟之间那样喜怒无常。出版商通常都曾经是真正痴迷于期货市场的经纪人。如果他们有勇气跟踪自己所有的交易记录并且诚实一致的进行报告，你就可以信赖他们。但是，很少有公司能够做到这一点。我最喜欢的服务显然包括我自己出版的《商品期货的时机选择》。我建议大家可以索取一些免费样品阅读。

《商品期货杂志》（马里兰州哥伦比亚市世纪广场 1000 号）

虽然并不属于咨询服务，但是这本月刊杂志的重要性却在所有阅读材料中位居榜首。读者可以看到许多不同的技术面与基本面的观点。杂志中的图表极为出色。一定不要错过这本杂志。

《商品研究局图表》（纽约州纽约市自由广场 1 号，邮编 10006）

主要内容为图表，在图表领域内最为优秀。它的价格十分昂贵——大约每年 300 美元——但是它的周刊涵盖了所有的商品期货品种以及定

第三章 对新手的真诚建议

期邮寄周线图和月线图的服务。如果你严重依赖图表进行交易,这就是一个"必选"的服务。如果你对图表不太敏感,可以选择更为优惠的服务,但是这个是最好的。祝贺《商品研究局图表》的创办人 Jilers。

《商品期货观察》(爱荷华州滑铁卢市 2593 信箱,邮编 50703)

这本简洁的小册子可以作为睡前读物。如果你有时间和耐心阅读这本读物,思考莫特·克利夫兰(Mort Cleveland)的市场评论,你将会豁然开朗。克利夫兰还会提出你意想不到的商品期货价格波动以及各种月相的相位。这本读物的内容并非占星术——而是月运周期,它的铁杆支持者认为月运周期在市场中有效。这是我所关注的为数不多的服务之一。

《商品期货的时机》(加利福尼亚州蒙特利市#2,Munras 大街 850 号,邮编 93940)

请注意,这是我们出版的刊物——我们对它也有所偏爱。我们最大的问题在于当大家随大流的时候,我们似乎总是过于紧张,不会随波逐流。我们会用一两个月的时间观望,然后会跟随市场趋势开始赚取利润。我们在 1972 年扣除亏损和佣金后的净获利为 24,630 美元。我们所知道的所有咨询服务提供机构当中,没有一家能与我们的成绩相提并论。如果你想通过我们公司进行交易,首先确保自己拥有充足的资金,然后在我们处于低潮时入场。我们总能成功的从低潮中走出来。

《有效周期》(加利福尼亚州圣莫尼卡市 5368 信箱)

这个咨询服务最为有趣。理由如下:首先,它会在周线图中给出所有交投活跃的商品期货品种的未平仓数量、成交量等,还会留出足够的空白让你继续完成图表。仅仅这一项内容就能值得购买。而你还能得到一些画线和范围,帮你预测在什么位置买入、卖出、卖空。这项咨询服务自 1956 年开始出版发行,出版商亚力克·史蒂文斯(Alec Stevens)对于市场有着比较切实的体会。

《曼杜夫家族》(加利福尼亚州洛杉矶市威尔榭大道 6399 号)

这是一家经纪公司的快讯。它并不精致，其中的一些建议却非常好。仔细阅读这份快讯，因为它确实不错。大家可以向弗雷德·科尔顿（Fred Colton）索要一份样品。

《商品期货世界》（克莱顿商品期货公司出版，密苏里州克莱顿市苏伊特300号福赛斯7701号，邮编63105）

最优秀的经纪公司快讯之一。即刻加入他们的通信名单，因为他们的快讯确实非常不错。

《市场风向》（加利福尼亚州帕萨迪纳市东格林大街431号，邮编91101）

我们并不认同吉姆·希伯特（Jim Sibbett）是世界上最伟大的交易商。但是，他写的快讯却因给出了特定商品期货品种咨询服务的看涨比例和看跌比例而具有极高的价值。当大部分咨询机构看涨某个商品期货时（尤其是当该商品期货品种处于历史性的空头市场时），你就得到了一个绝佳的卖空机会。反之亦然，当大部分咨询机构看跌某个商品期货时（尤其是当该商品期货品种处于历史性的多头市场时），你就得到了一个绝佳的买入机会。这种操作手法的关键在于检查历史趋势，而后与所有咨询服务的共同意见背道而驰。顺便插一句，这其实并不是他的内容，而是我对他的内容的改编。

《证券市场研究图表服务》（科罗拉多州丹佛市14096信箱，邮编80214）

这项服务十分出色，收费标准为每年200美元。这项服务几乎涵盖了所有的商品期货品种，还会提供一些帮助你进行期货交易的震荡指标。我们认为，它所给出的震荡指标大约是3天或4天移动平均线与10天移动平均线的差值。其中的图表也十分具有参考价值，并且简洁易读。这也是一项"必选"的服务。

第四章 帮我一年赚到 100 万美元的基本面方法

基本面方法：它们为何如此重要

正如我前面所提到的，商品期货市场的独特之处在于它是一个以供求关系为基础真实存在的市场。由于它们的供求关系源于商品加工者的真实需求，因此这些供求关系也是真实的。正是出于这一点，总体的基本面的构成至关重要。

作为一名交易商，你必须要关注基本面的情况。基本面既能够对你在某一商品期货上做多还是做空产生决定性影响，也能够帮助你更好的评估自己的持仓风险。

没有读到或是试图忽略本章内容的读者必将深陷困境。更重要的是，如果你对基本面有着深刻的了解，知道价格将会朝着什么方向变化，你就能在市场中获得更大的成功。如果你能预测到价格的走势，你受短期的、不规则波动的影响就会更小，这样你就能够通过持仓获取最大利益。

我认识一位非常成功的交易商，他就是通过坚持基本面策略，一直持有仓位在触及止损点位（也就是他最初的买入价）或是基本面情况发

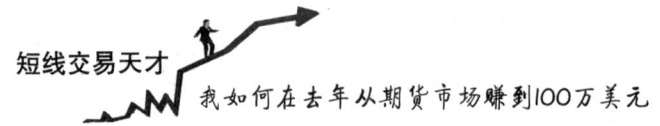

生改变之前一直持有仓位从而赚到了巨额财富。这就意味着他经历了市场涨到顶点的全过程,并获得了比一般交易商高出十倍的巨大的利润。

发展的眼光与洞察力也极其重要。它能够令你经受住每日价格的剧烈波动。它能够令你坚决持有正在获利的仓位,从而创造出可观的利润。仅仅是由此带来的内心的宁静就值得你花时间去好好研究基本面的趋势。

两个重要说明

传统的市场追随者认为基本面的特征是以这一商品的供求关系为中心。他们结合现在生产量,同时对前几年的供求水平进行比较,再把结果与价格结合起来,就得到了基本面的观点。

另一个基本面方法是依靠内在价值水平进行判断。从根本上来说,这种方法暗示了某种商品在某个特定的价格是便宜的。在想到商品时,这是我们大家共同的思维模式。比如白糖,通过比较过去与现在的价格,我们就能得知白糖是贵了还是便宜了。

毋庸置疑,虽然商品都有一个大概的绝对价值,但却是在虚幻抽象中进行交易,所以根据这种基本面方法进行交易最为危险。以猪腩为例,有人愿意为它付钱时它才有价值……它可能一文不值,也可能一磅就值5美元。

运用价值分析法的基本派们总是在市场中一败涂地,因为他们看到什么便宜就买什么,也就是一看到价格从前期的高点回落就开始买入。虽然他们偶尔也能做对,但是更多的时候是错的,他们只是想抄到底部,但这却相当困难。

在这一点上,坚持价值分析的市场参与者处于一个两难境地。他知道猪腩价格回落到50美分时已经非常便宜,但是现在的猪腩价格已经跌至40美分。这对他意味着什么?是意味着他之前错了,还是意味着

第四章 帮我一年赚到100万美元的基本面方法

他应该错上加错买入更多？既然猪腩价格在50美分时就非常便宜，那当它跌到40美分时不是更应该大量买入吗？

这种价值分析法并不允许我们在瞬息万变的市场中迅速应变，所以不要用这种方法进行交易。

基本面工具范例

你到任何一家经纪公司都能拿到常见的基本面数据。最普遍的方法就是去研究政府报告。例如，美国农业部（USDA）会发布下一个作物年度农民种植意向报告。

随着作物年度的推进，美国农业部（USDA）还会发布作物产量预测报告。除了政府报告之外，几家经纪公司发布的商品生产企业调查报告也备受瞩目。总体来说，这两类报告的暗含的意思相同。

关于需求面的情况，你可以从美国农业部（USDA）的报告中获得。农民们是持有库存还是将粮食卖出，都在美国农业部（USDA）的供需平衡报告中给出了答案。

此外，还可以通过观察零售销售情况、肉类销售情况、猪肉价格、牛肉价格与肉鸡价格的对比等来了解需求面的情况。

我很难用这种方法来形成对市场的基本观点，我想这可能是因为我不够敏锐，不会整合这些信息。

出于这个原因，我通过其他人的操作来帮助自己确定市场的基本情况。实际上，我是通过观察其他人的操作来判断衡量市场的基本情况，而这个其他人一定是我信得过、并且比我更擅长做这件事的人。

下面我们就来谈谈这个方法。

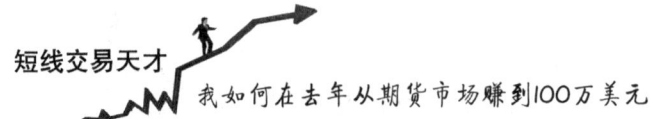

三个了解内情进行投资的工具

经过研究,我发现市场从三个方面告诉我那些比我更精明的人正在做什么。仅仅从这三方面的资料,我就能够觉察出市场上将要发生什么事。

第一个了解内情的工具

最简单的数据资料是交易商商品期货持仓报告(Commitments of Traders in Commodity Futures),由美国农业部(USDA)每月10号左右公布。该报告将大型交易商与小型交易商分别持有的多头持仓与空头持仓进行了细分。

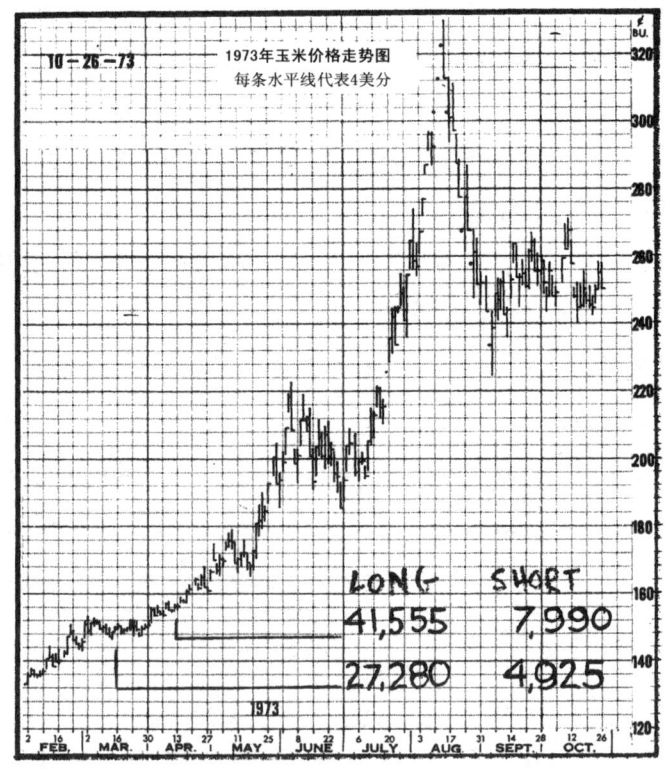

第四章 帮我一年赚到100万美元的基本面方法

可能正如你所料想的那样,小型交易商在市场中更倾向于做错方向,而大型交易商则倾向于做对方向。下面的1973年玉米的价格走势图,以及附带的大型交易商持有多单与空单的月度比例都很好的说明了这一点。

玉米

(单位:千蒲式耳)

	多头持仓	空头持仓	
大型交易商:			
投机性持仓			
净多或净空	41,555	7,990	+14,275
多空套利	44,700	42,075	+13,015
总计	86,255	50,065	+27,290
套期保值	217,588	310,740	-34,057
大型交易商报告总持仓	303,843	360,805	-6,767
小型交易商:			
投机性持仓及套期保值持仓	136,147	79,185	+24,207
总持仓量	439,990	439,990	+17,440
大型交易商持仓比例	69.1	82.0	-4.4
小型交易商持仓比例	30.9	18.0	+4.4

从表中可以看出,大型交易商预见到玉米价格将会上涨。尽管市场表现平淡,维持窄幅震荡,大型交易商却仍持有大量的多头持仓,相比之下其空头持仓数量十分有限。由此,从持仓报告可以看出,要随时警惕玉米市场出现大幅上涨。

你的第一个赚钱工具是交易大户报告。要牢记交易大户报告的作用在于向我们展示了大型交易商的持仓情况以及他们的操作动向。交易大户报告并不能用于寻找入场时机。它的作用只是提醒你注意跟踪这些交易大户的交易。

芝加哥期货交易所交易商持仓报告-1973年4月30日

类别	1973年4月30日	
	多头持仓	空头持仓
大豆	（单位：千蒲式耳）	
大型交易商：		
投机性持仓		
净多或净空	18,375	20,865
多空套利	66,315	66,195
总计	84,690	87,060
套期保值	172,370	155,040
大型交易商报告总持仓	257,060	242,100
小型交易商：		
投机性持仓及套期保值持仓	54,570	69,530
总持仓量	311,630	311,630
大型交易商持仓比例	82.5	77.7
小型交易商持仓比例	17.5	22.3

豆油	（单位：油罐车）	
大型交易商：		
投机性持仓		
净多或净空	8,761	10,532
多空套利	9,113	9,113
总计	17,874	19,645
套期保值	15,879	22,876
大型交易商报告总持仓	33,753	42,521
小型交易商：		
投机性持仓及套期保值持仓	13,493	4,725
总持仓量	47,246	47,246
大型交易商持仓比例	71.4	90.0
小型交易商持仓比例	28.6	10.0

第四章 帮我一年赚到100万美元的基本面方法

豆粕	（单位：百吨）	
大型交易商：		
投机性持仓		
净多或净空	5,080	5,090
多空套利	3,448	3,448
总计	8,528	8,538
套期保值	14,205	14,441
大型交易商报告总持仓	22,733	22,979
小型交易商：		
投机性持仓及套期保值持仓	4,329	4,083
总持仓量	27,062	27,062
大型交易商持仓比例	84.0	84.9
小型交易商持仓比例	16.0	15.1

第二个了解内情的工具

另一个可以获得基本面信息的渠道是《商业日报》或《华尔街日报》。这是基本面资料最重要的来源之一，但是98%的市场参与者都忽视了这一点。我先解释一下市场的运作方式，来帮助大家更好的理解这些数据的重要性。

通常情况下，将要在今年12月份进行交割的商品价格会高于6月份进行交割的商品。

这是由于持有商品到12月份的交割日需要承担更高的持仓成本。要知道，他不仅需要支付仓储费和保险费，可能还需要支付7月、8月、9月、10月、11月和12月的利息。而在6月份进行交割的投资者则不需要承担这些成本。

因此，远期交割的商品价格高于近期交割的商品价格。

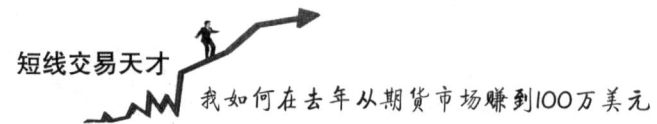

大家要把这句话写在纸条上,放进钱包里随身携带。也可以贴在天花板上或是贴在自己的脑门上,无论选择哪种方式,千万不要忘记这当中的教训。这是我赚到百万美元所用的基本面方法的基础。

典型的价格结构应该是,远期月份的商品升水出售。也就是说,1975 年 6 月的小麦价格低于 1975 年 12 月的小麦价格;或者当年 7 月的猪腩价格低于次年 2 月的猪腩价格。

可想而知,价差的倒挂非常重要。当出现近期合约价格高于远期合约价格这种倒挂时,就说明一些人愿意为获得该商品支付升水。某些人、某些地区对于该商品的需求如此迫切,以至于他愿意通过支付升水来获得这种商品。

那么,这些愿意支付升水的人可能是谁呢?如果你能想到大型交易商和商业集团比公众掌握着更多的财富,并且商业集团是唯一真正需要商品的群体,那么你就可以推断出,这种升水所带来的价差倒挂背后的驱动力是那些了解内情的人。

实际上,你会发现,所有大大小小的牛市行情都预先得到了我刚刚讲的这种特别的升水所发出的信号。泰德·瑞斯曾经就职于美国大陆谷物公司(Continental Grain)——全球最大的商品交易商之一,他是为数不多的将这种价差倒挂的重要性告知公众的知情人之一。

作为这家商品交易商的副总裁,泰德·瑞斯的话语引人入胜。他曾经公开声明,"我们可以说,当谷物在目前的价位水平没有市场时,就存在持仓费用。"

这就是真正的专家和知情人士所告诉我们的。当远期合约价格高于近期合约价格时,市场上存在持仓费用,这说明市场对于这种商品的需求并不紧张。相反,当远期合约价格低于近期合约价格时,则说明市场对于这种商品的需求十分紧张,市场也将迎来上涨行情。

基本面方法的第二个启示是,密切关注升水。在后面的章节里,我将对升水(升水)详加解释。现在,你只需要记住,对于升水价差的

第四章 帮我一年赚到100万美元的基本面方法

跟踪至关重要,只有这样你才能预测出哪些市场是看涨的,哪些市场是看跌的。

第三个了解内情的工具

第三个同时也是最后一个基本面工具是比尔·米汗教给我的,我在前面提到过他。比尔的交易策略是确定商业集团在商品市场中的操作动向。为了充分理解数据,你需要掌握这些数据背后所隐含的基本原理。我们来看看吧!

首先,你应该知道所有市场当中最大的卖空者基本上都是商业集团——他们是市场的知情人士。这是因为这些商业集团总是在商品期货市场上对他们的实际持仓进行套利交易和套期保值交易。

当然,投机商也是卖空者,但是商业集团还是占了卖空者的绝大部分。了解这一点对于市场参与者而言至关重要,因为我们可以通过未平仓合约来追踪卖空的数量。

未平仓合约是市场上多头和空头的总持仓。每个多头都对应着一个空头;也就是说,多头和空头是平衡的。未平仓合约数量代表着市场上尚未结清的多头和空头持仓。这个数据可以从每天的最新股价的统一报告获得,也可以从第二天的报纸上获得。

只有在卖空者平仓时,未平仓合约的数量才会下降。而只有在卖空者增加卖空仓位时,未平仓合约的数量才会上升。既然我们已经知道大部分卖空的原因是源自了解内情的人士,那么我们就可以明确地说,未平仓合约的增加暗示了商业集团对于后市持看跌态度。而未平仓合约数量的减少则暗示了商业集团对于后市持看涨态度。

未平仓合约数量本身并没有太大的价值。当我们把未平仓合约数量和一些突出形态形成时的价格波动结合起来分析,就能够预测出一些不可思议的市场波动。

我所关注的形态是那些出现盘整或区间震荡的形态。当市场出现这种价格波动，并且未平仓合约数量下降时，我们就能从中得知商业集团感觉价格将会向上突破盘整区间。我们就应该买入了。

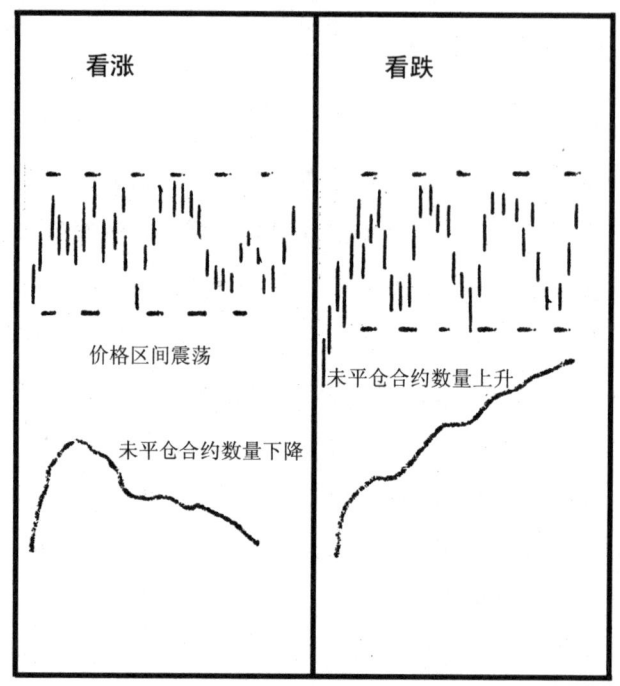

同样地，在价格盘整或区间震荡期间未平仓合约数量出现上升，则说明商业集团正在卖空，期待价格向下突破盘整区间。

正如我们将要在下文的例子中所展示的，在理想情况下，盘整形态将会是一波大的上涨行情或下跌行情的一部分。虽然事情并非总是如此，但是当盘整形态确实是一波大行情的一部分时，你的胜算就会愈发明显。

请看这个未平仓合约的例子，当时是1973年，铜价触及底部。价格在区间内来回震荡，而未平仓合约数量则骤然下跌，这就说明商业集团已经做好了迎接一波大牛市的准备。事实确实如此！（图表未列出）

接下来，请注意观察棉花出现的大牛市——棉花飙升至全球历史高点。我们从价格在底部蓄势，未平仓合约数量出现巨幅下跌时，就已经预见到了这些。

第四章 帮我一年赚到 100 万美元的基本面方法

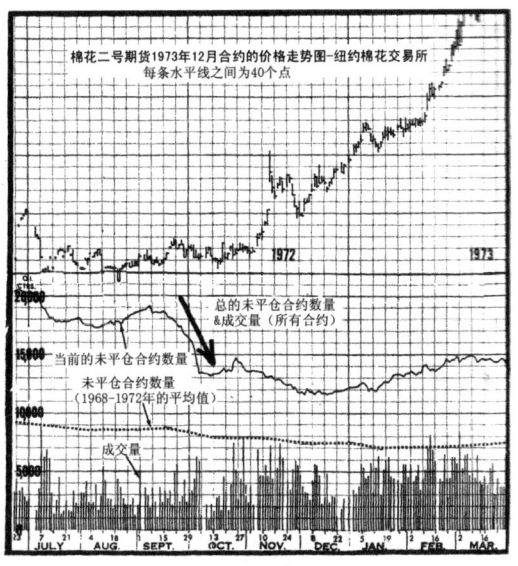

铂的走势清楚的展示出了未平仓合约数量是如何帮助价格触及顶部和底部。注意观察随着未平仓合约数量上升到一定水平，价格开始止涨回落，直到未平仓合约数量跌至低位，价格才重新止跌反弹。这很神奇，不是吗？

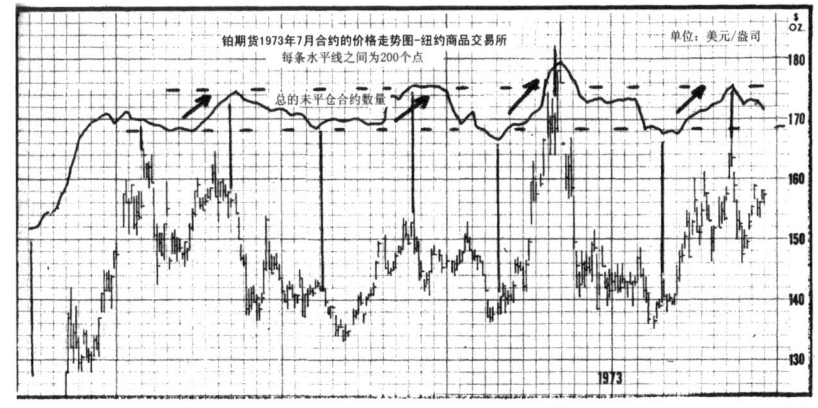

活牛价格的大幅下滑也可以通过 1973 年 8 月未平仓合约数量的迅速增加预测出来。此外，我还列出了几张没有对价格和未平仓合约数量进行标记的图，以供大家学着自己寻找这两者之间的关系。大家要学好这一点，作为第三个基本面工具，它能帮助你赚到数以万计的亮闪闪的

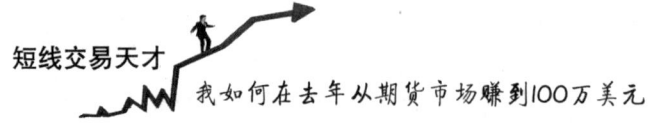

银币。

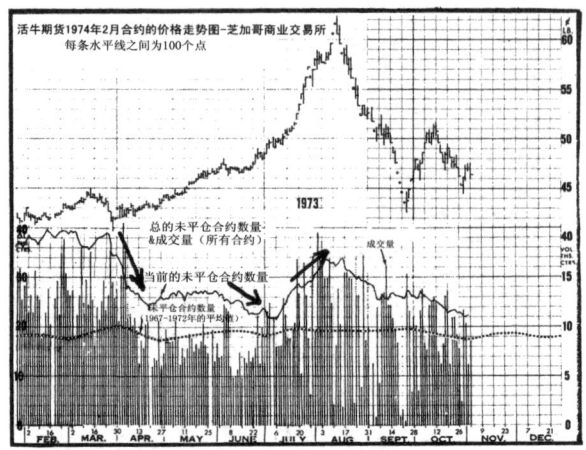

通过这种方式来运用未平仓合约数量，是我掌握的最有价值的市场工具之一。它就是我获得成功的支柱。

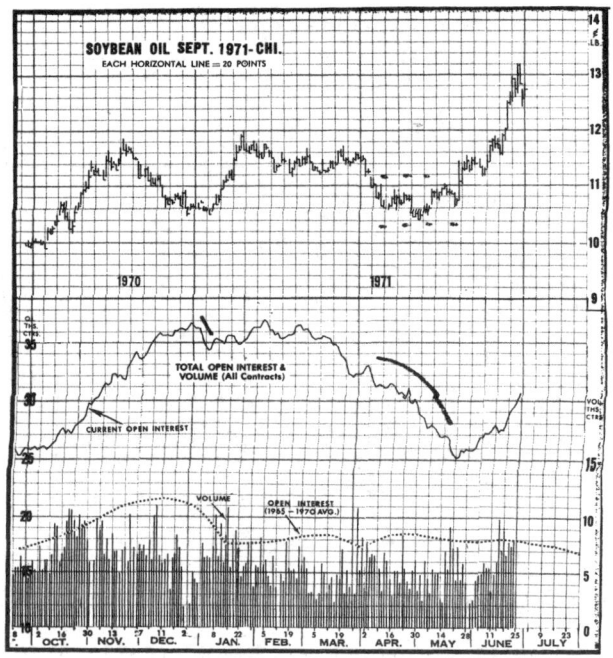

第四章 帮我一年赚到100万美元的基本面方法

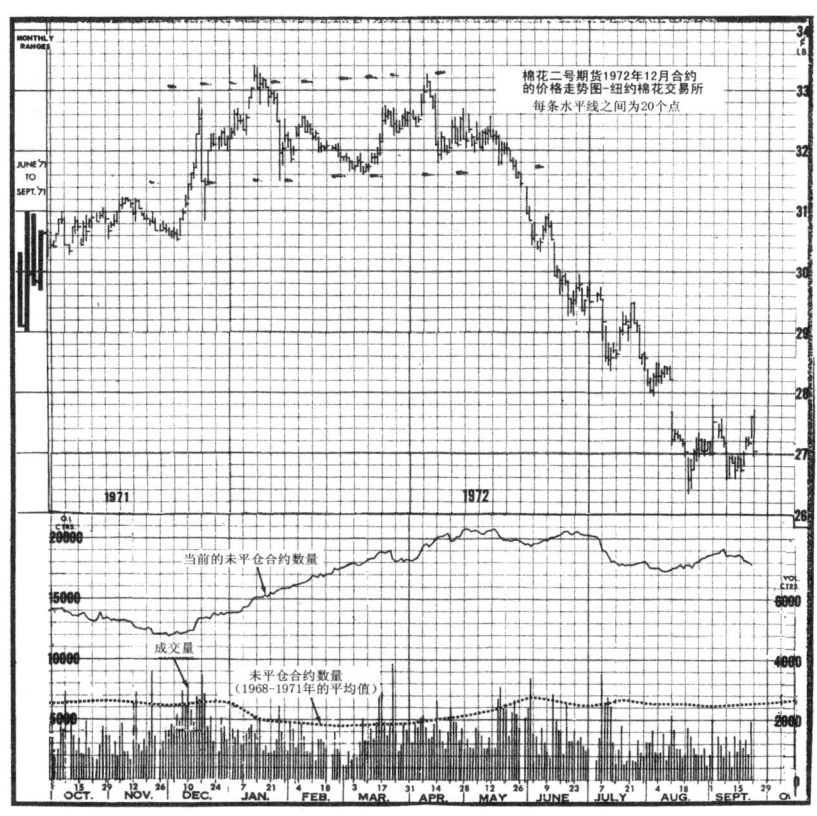

棉花二号期货1972年12月合约的价格走势图-纽约棉花交易所
每条水平线之间为20个点

当前的未平仓合约数量

成交量

未平仓合约数量
（1968-1971的平均值）

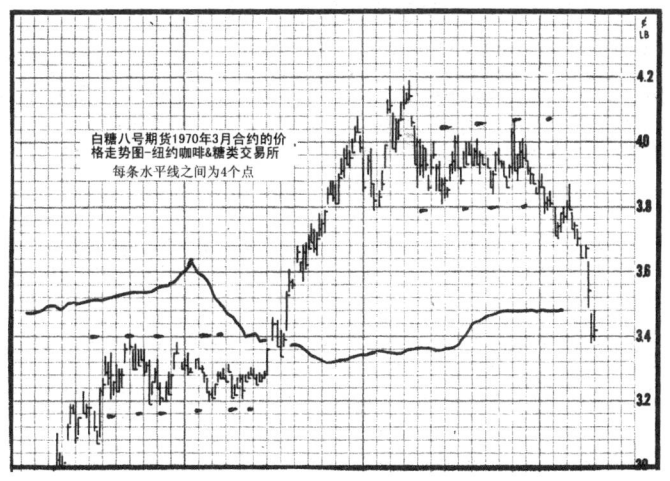

白糖八号期货1970年3月合约的价格走势图-纽约咖啡&糖类交易所
每条水平线之间为4个点

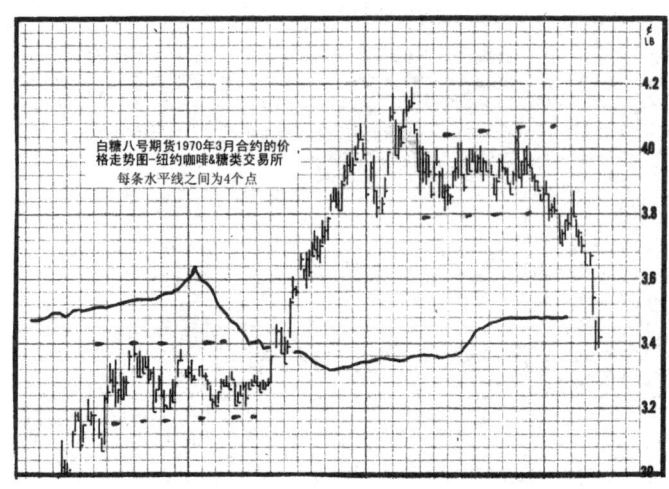

如何对所有的基本面消息进行评估

对于普通交易者而言，他们所面临的最大问题是每个交易日都会受到大量的信息轰炸。俄罗斯正在买入小麦。中国正在卖出小麦，秘鲁的渔船队刚刚出海，而佛罗里达的橙子正在遭遇冻害！面对这么多信息，你能怎么办？有没有可能通过一种合理的方法来解释这些千变万化却又错误不断的消息呢？

我认为有这种可能。

我用来判断消息的方法是，假设我听到的所有的新闻故事都仅仅是故事。当我想要听到全部消息时，我会态度坚定地认为这些消息本身对我毫无意义。

真正有意义的是市场对于这些消息所做出的反应以及市场做出反应时的方式。这其实是一个相当简单的策略。我们几乎不需要什么悟性，就能够理解为什么罗德西亚（津巴布韦的旧称）买入小麦会令小麦价格出现反弹。如果报道称巴西白糖的产量过剩，即使是最笨的交易者也会期待白糖价格经受一些卖盘压力。这些都是正常的情况。

第四章　帮我一年赚到 100 万美元的基本面方法

在商品市场上，我们要格外注意那些偏离正常的情况。这样才能利用好基本面的消息。假设市场遭受到利空消息的打击，价格却毫无反应，你就会知道市场确实非常坚挺，并且已经准备好反弹。

我们从去年的活牛市场便可看出这一策略的价值。一份政府报告新鲜出炉，对于整个市场构成利好。我们首先得到的暗示就是活牛价格将会"涨停"。坦率地说，我根本不在乎接下来应该发生什么——我只在乎接下来<u>将要</u>发生什么。

在这个例子当中，活牛期货只是小幅高开，这就告诉我们基本面消息并非真正的利好，活牛价格其实十分疲弱。事实确实如此。在接下来的几节交易时段中，活牛价格暴跌了 6 美分！

不要去判断消息。学会判断市场对于消息的反应，你就能够征服任何基本面的新闻故事了。

在本章结束之前，我想给大家讲一个我曾经听过的关于豆油和豆粕的热点新闻故事。秘鲁的船只出海捕鱼并且总是收获颇丰，这导致整个豆油市场有一些疲软。然后就出现了这样一条消息，秘鲁的船只停止了捕鱼并且返回港口。好了！豆油一下子就涨停了。

新闻故事还在继续演绎，声称"捕鱼船之所以返回港口，是因为他们所捕到的鱼如此之大，数量如此之多，以至于加工鱼的罐头工厂已经赶不上如此巨量的供应"。

好了！豆油又一下子跌停了。

所有这些都发生在短短的三十分钟之内。无论认为这些新闻消息利多还是利空，根据消息进行交易的投资者都会陷入困境。我要再次重复一点，要关注新闻消息对于市场产生的影响——而不是消息本身。

由基本面做出判断之后该怎么办

但愿我在上文所表达的观点能够帮助大家正确的把握基本面的情

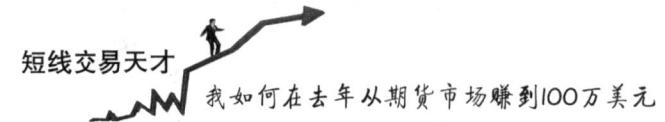

况。当然，它既不会一直有效，也不能回答所有的疑问。但是，总的来说，它能够帮你成为交易者中的佼佼者，甚至能令你在市场竞争中领先数年。

仔细研究大型交易商因了解内情而进行的投资交易。然后，通过检验升水水平来了解什么是市场上最紧俏的商品，最后，找出商业集团重仓卖空或是迅速将他们的空头仓位进行平仓的交易。

当你最终明确了自己应该在市场中做多还是做空时，就应该转向技术面分析。来选择你进场买入或卖出的恰当时机。对于选择进场时机而言，基本面分析几乎毫无价值，但是它们仍然非常重要，因为基本面分析能够决定你在商品市场中是做多还是做空。

此外，一旦你确信趋势将会上升，你就可以设置较大的止损幅度或者增加持仓量。当你清楚自己正与这一行的专业人士步调一致时，你的睡眠质量将会比平时好得多。

对你而言一件十分重要的事是，每个月都要对基本面的状况重新进行评估，以确保你没有忽略掉任何事。如果情况发生了改变，（这可能会发生）要做好从多头转换为空头或者从空头转换为多头的准备。

现在，对于参与世界上最富挑战性的市场而言，大家已经做好了基本面的准备。接下来就该教给大家技术面分析，帮助大家更精确的理解升水价差。

微信扫码添加舵手图书知识陪伴官
获取更多增值服务资料

第五章　如何发现10比1赔率的交易机会

任何傻瓜都能在自己选择的时点进行商品交易。但是只有聪明的交易者才会耐心等待，他要等到10比1赔率对他有利时，才全身心的投入市场进行交易。通过这样的做法，这个精明的交易者避免了大量的麻烦，甚至是更大的挫折。

显然，正如之前我提到的那位严格遵守资金管理体系的交易者一样，他会意识到挖掘出最佳交易机会的重要性。毕竟，从事商品交易的难度非常大。为什么要冒更多的风险呢？仅仅抓住最好的交易机会进行操作，你就一定能成为大赢家。

无论什么时候想到每天成交的成千上万笔交易以及公众对于日内交易和短线交易的热情，(4-5天的短线交易)，都会让我想起华尔街一位最老的"职业交易人"说过的话。这位绅士（大家马上就能说出他的名字）告诉我，以他四十多年的市场经验，他只知道一位商品期货的赢家。只有一位！

据这位先生说，那个人之所以能成为市场的赢家，是因为他有足够的理智将自己大部分的利润投入了不可撤销信托。因此，当他开始出现亏损时，他仍然能够从信托中获得一份固定收益。如果当年信托没有生效，那么这位"职业交易人"也会像其他人一样亏掉所有的资金！

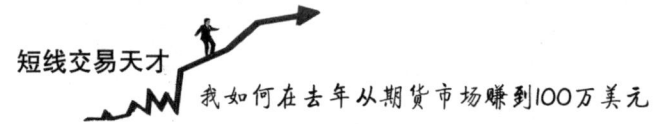

把这件事当作你的教训。不要急于从事任何交易。要知道,"愚人轻举妄动,智者裹足不前"。但愿我能通过本章的内容向大家说明如何选择最佳的交易机会。

找到最佳的交易机会

首先,我会告诉大家我用来区分 10 比 1 赔率对我有利的交易体系。那些都是高额的赔率。令人遗憾的是,我目前还没有找到一种能够一直捕捉到所有大幅波动的方法。我所做的是制定出一套标准,当这些标准趋于一致时,就能告诉你上涨或下跌的赔率对你有利。

通过这种方法找到的交易机会非常少,但是一旦出现这样的交易机会,你就接近稳赚不赔了。正如你们将看到的那样,这种方法并不能抓住所有的波动机会。它的作用就是把那些稳赚不赔的交易机会与胜算几率存在疑问的交易机会区分开来。

这种交易方式更为轻松,因为它允许你从长期的角度看待市场。我发现,我们完全没有必要监控每笔交易,有时候甚至没有必要监控每天的交易。这种方法发出的信号如此强烈,以至于你根本不需要关注微观的角度。

我会用到两个重要工具来选择那些"能够吸金的交易机会"。这两个重要工具是:1)升水关系,2)未平仓合约数量。当这两个工具都发出交易信号时,赔率是 75% 对你有利。为了进一步加强 75% 的胜算可能,我还会检验相反的观点、市场对于消息的反应、市场趋势的方向以及一些图表形态。

第五章　如何发现 10 比 1 赔率的交易机会

成就百万美元交易机会的第一个迹象

大家都记得，我在前面的章节讨论了升水的重要性。我不能过分强调升水的重要性。但是，升水的存在或缺失将会是你们找到稳赚不赔的交易机会的一个关键因素。升水（也就是一种商品近期合约和远期合约的价差）发出信号的方式有两种。

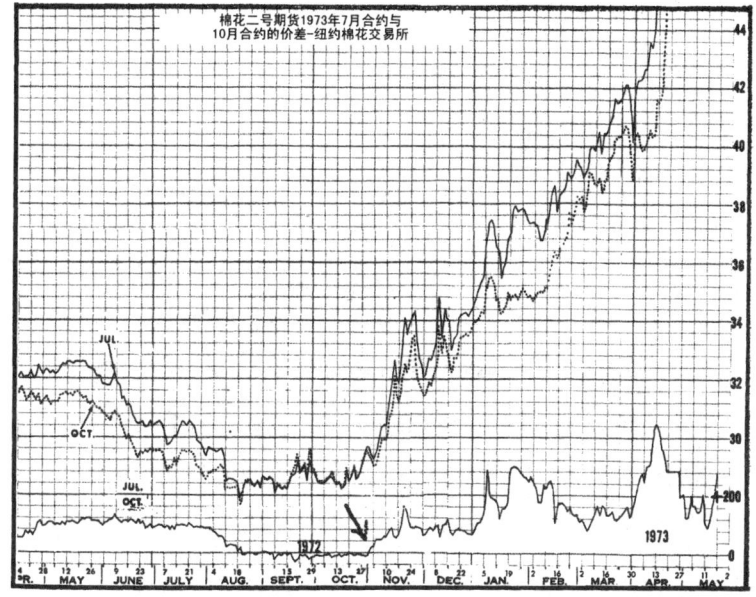

当近期合约价格高于远期合约价格时，市场通常会发出牛市信号。这种对于近期合约有利的价差就是看涨升水，它说明商业集团此刻正需要这种商品，并且愿意向市场支付"升水"。请看41页的棉花价格走势图。

可持续的牛市行情总是以价格出现升水开始。如果你正准备做多某种商品，你将会首先检验这一点。这种商品出现看涨升水了吗？如果没有，行情出现急速上涨的几率就不会太大。

请注意观察两张图表中，橙汁11月合约和1月合约的价差，以及棉花7月合约和10月合约的价差。

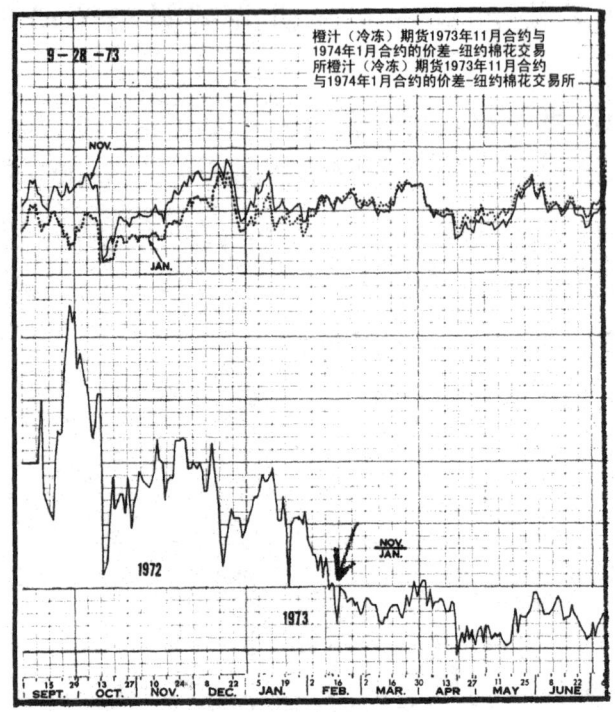

正如大家所见，橙汁的价差从升水变成了贴水。也就是说，从1973年2月开始，近期合约价格一直低于远期合约价格。而几乎与此同时，许多分析师预测橙汁将会出现一波牛市行情，但是正如大家所看到的那样，橙汁根本无力维持上涨趋势。当所有商品都迎来了历史上最大的牛市行情时，橙汁的价格却是稳中有降。

这个例子很好的说明了，如果缺少升水信号，那么就是告诉交易者做出橙汁价格将会走高的判断为时过早。

那么棉花的走势呢？这又是一个完全不同的情况。注意观察棉花的价格是如何在1972年11月出现升水的，而当时的棉花价格仍处于低位。实际上，绝大多数的咨询服务机构认为这是一波重要的熊市行情。

我们所知道的才更准确。如果棉花是处于熊市行情，为什么那些商业集团愿意为近期合约支付升水呢？他们为什么不等待未来棉花价格下

第五章 如何发现 10 比 1 赔率的交易机会

跌呢?就在出现升水之后不久,棉花就上演了一波历史上最大的牛市行情。如果你在价格出现升水那天买入了一张 1973 年 12 月棉花合约(价值 1,000 美元),那么你的获利将会在不到 12 月的时间内飙升至 27,500 美元!

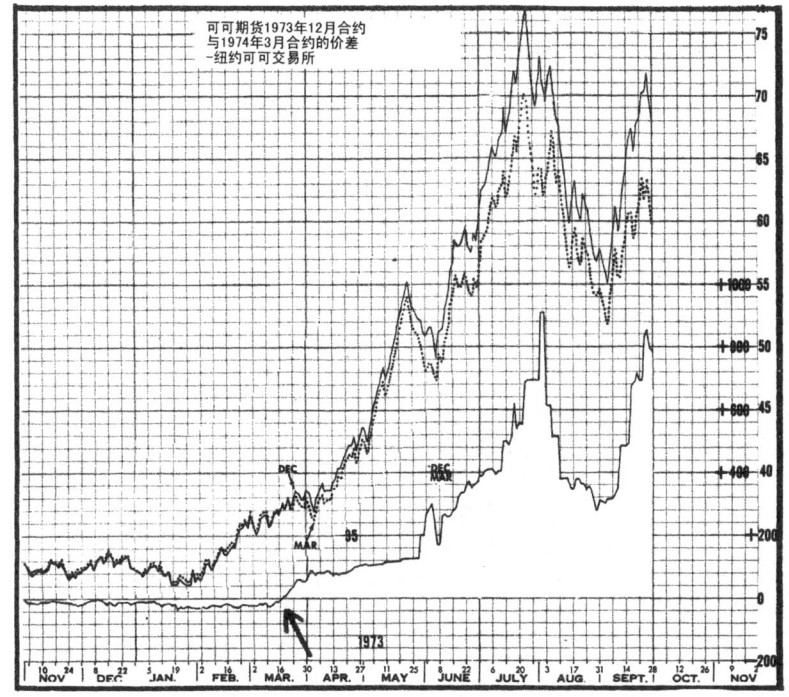

还在怀疑升水价差的重要性吗?那就研究一下可可的价差图,密切关注 1973 年 3 月这个时间段。就在这个时间段内,可可市场上出现了升水。神枪手们嘲笑这种方法没有捕捉到可可的绝对低点。他们说的没有错。它确实没有捕捉到。但是,它却在三月份发出了一个强烈的信号,告诉我们一波相当大并且可持续的牛市行情正在蓄势,而那也正是我们所期待的。

我会把捕捉到底部和顶部的机会留给其他人。我想要的只是稳赚不赔的交易机会。就我所知,绝不存在能够捕捉到所有顶部和底部的方法。

在可可的交易中，价格在升水出现三周之后才开始上涨，这就为交易者提供了充足的时间来准备迎接这波行情。顺便插一句，在1973年3月的可可市场上，如果一个交易者在1973年3月升水出现时买入，（以37美分的价格）那么他就可能以71美分的价格卖出，他的获利在短短几个月内就能达到10,200美元！

设想一下，买入了十张合约的交易者（价值10,000美元）将会在不到八个月的时间内获得超过100,000美元的盈利。

在你抵押掉自己的房产冲出去买入那些出现升水的商品之前，我要送给大家一句忠告。你们还需要更多的了解市场，来避免让自己陷入困境。

升水的出现为大家指明了方向，但是它们既不是什么绝对的工具，也不是选择时机的工具。最后，我希望大家能够记住，并非所有的牛市行情都会以升水的形式表现出来。我们还可以用其他工具来区分出哪些涨势强烈，但却没有出现升水的牛市行情。正如大家所看到的，1971年可可市场的走熊也能够很好被价差的变化捕捉到。

第五章　如何发现 10 比 1 赔率的交易机会

关于升水的第二堂课

我们有很多方法可以用来分析升水。但是为了避免大家混淆（我通常会用几种不同的方法来跟踪价差），我将会向大家讲解第二个最有价值的运用升水价差的方法。

当近期合约和远期合约的价差出现升水时，大家就找到了市场将会出现牛市行情的第一个迹象。然后，随着二者价差的增加或减少，我们获得了更多的市场信息。实际上，随着升水价差的收窄，市场将会遭受卖盘压力。而当升水价差开始扩大，市场行情就应该出现反弹。

这也许有些言过其实了。我们下面来看看。

1971 年 9 月，小麦期货市场一蹶不振。但是，市场上仍然存在看涨升水。接着，在 9 月底 10 月初，小麦 5 月合约和 7 月合约的价差开始扩大，我们由此推断出近期合约出现了大量商业买盘，后市行情应该会出现反弹。看看后来怎么样了。就在那段时间，小麦上涨了 15 美分，称得上是一波不错的反弹！

1973 年的棉花市场也给我提供了一个非常好的强烈的升水信号。观察 3 月底开始出现的大量抛盘。价格先是急速下跌，然后又重新反弹至原来的高点。之后会怎么样？这就结束了吗？

看到棉花价差的投资者都会发现，棉花 7 月合约与 10 月合约的价差突然扩大了，这就说明当前市场仍然处于彻底的牛市行情，价格将会继续上涨。结果棉花的走势果然如我们所料。

请不要因为我只谈论了牛市的信号就误以为我是一个死多头。1973 年 8 月，热火朝天的牛市行情突然急转直下，绝大部分期货交易商都在这波行情中惨遭市场淘汰。当时做多的交易商遭受了经济上和心理上一系列的挫折。

如果他们按照市场升水的策略进行操作,就不会遭受这些困境。大豆也是一个不错的例子。注意观察,在行情上涨的最后阶段两个合约的价差逐渐收窄,说明大豆价格疲弱,企业也不再需要近期的商品。

现在我们把注意力转向活牛市场。这个市场上也出现了同样的情况。随着价格冲高见顶,升水却开始不复存在,这就预先向市场发出了疲弱的信号。这个时候投资者就应该格外小心了。我还为大家准备了几个用来练习的例子,帮助大家更好地理解升水在市场中的作用。

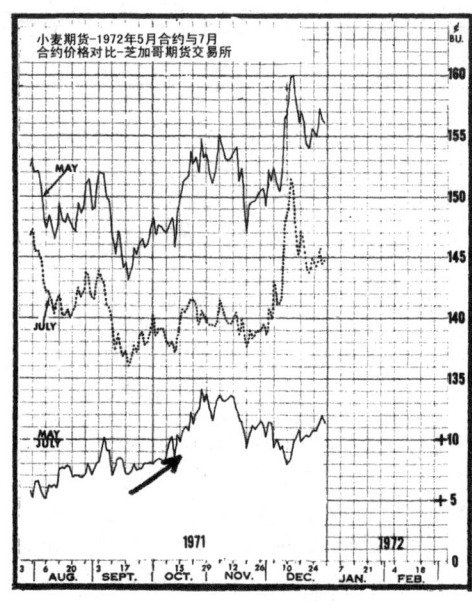

第五章 如何发现 10 比 1 赔率的交易机会

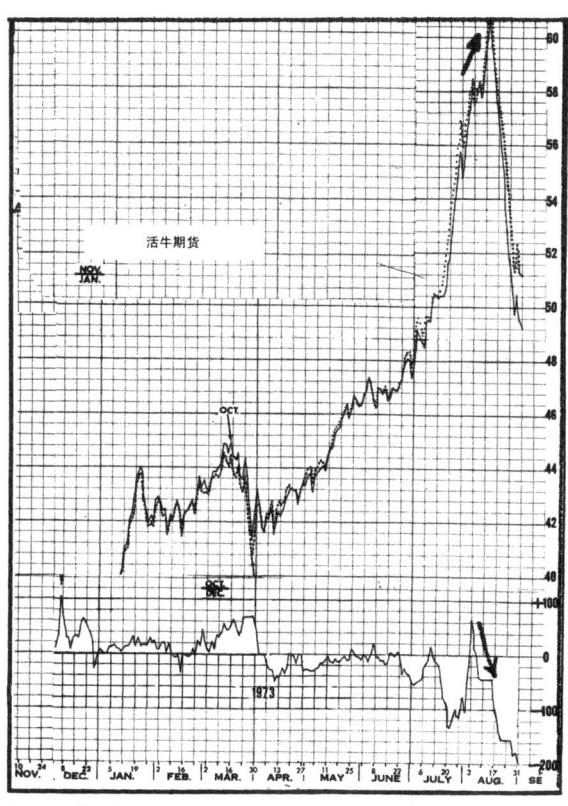

短线交易天才

我如何在去年从期货市场赚到100万美元

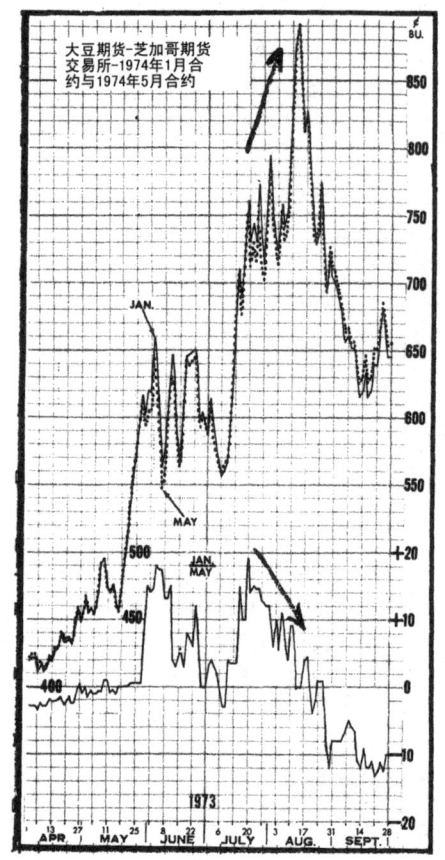

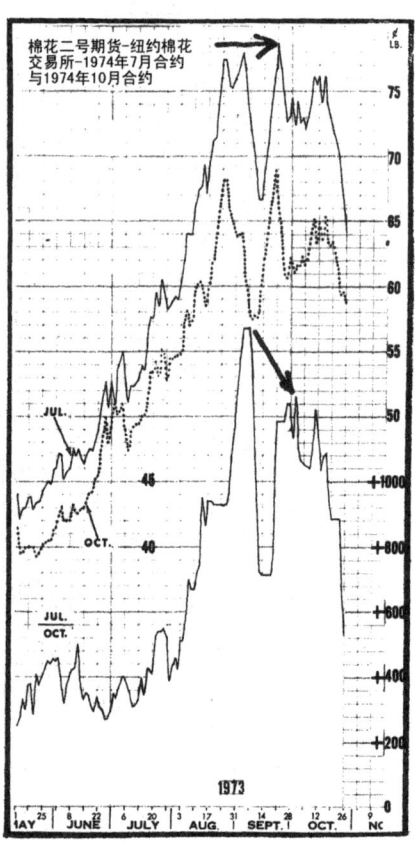

第五章　如何发现 10 比 1 赔率的交易机会

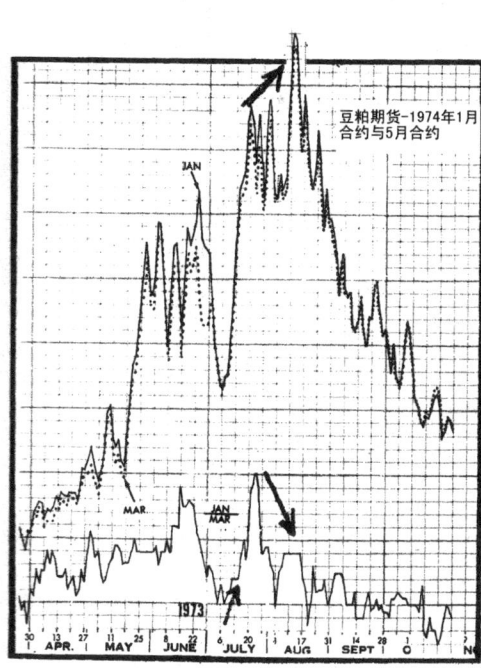

豆粕期货-1974年1月合约与5月合约

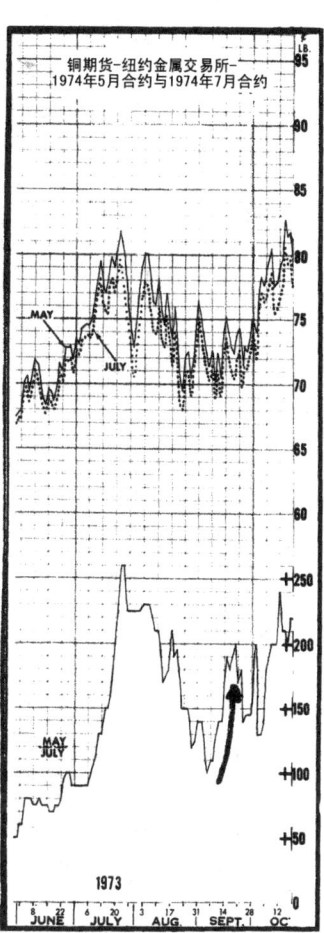

铜期货-纽约金属交易所-1974年5月合约与1974年7月合约

短线交易天才

我如何在去年从期货市场赚到100万美元

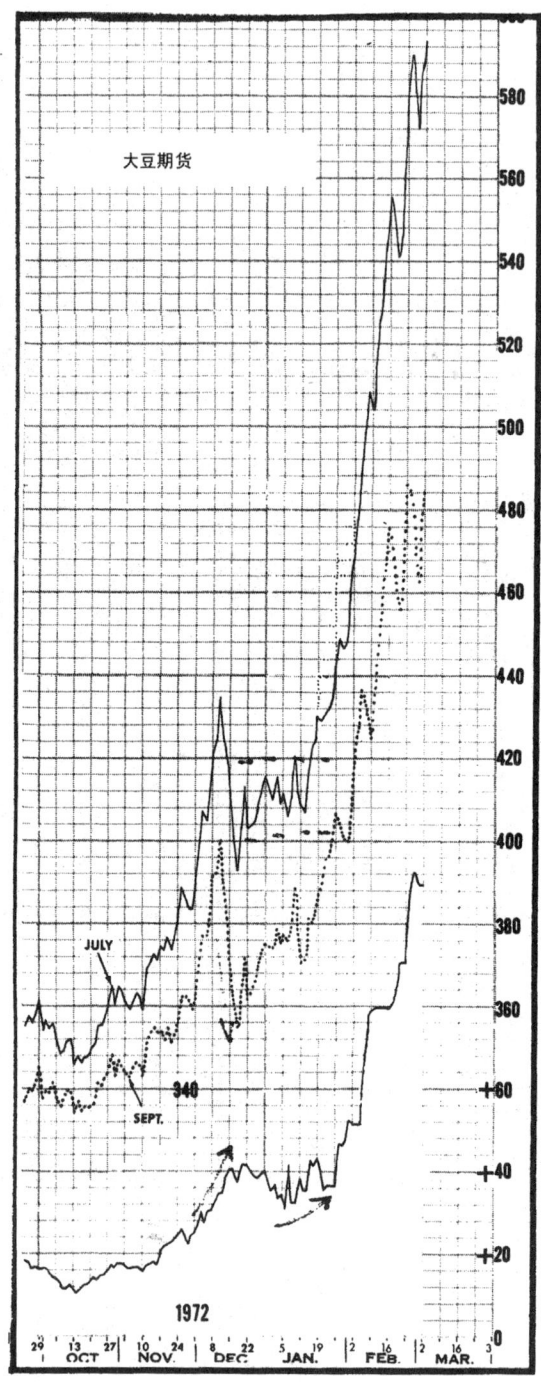

第五章　如何发现 10 比 1 赔率的交易机会

成就百万美元交易机会的第二个迹象

在前面的章节中,我给大家讲了什么是未平仓合约以及未平仓合约的原理。大家要记住,未平仓合约准确的反映了企业在市场上的操作动向。要知道,企业才是市场上最强大的力量。还有一点也同样重要,那就是企业更容易成为最大的空头,因为他们需要对冲风险。当企业没有卖空或是进行对冲时,这是因为他们认为价格将会进一步大幅走高。

我们所要寻找的就是在市场上最大的职业交易者当中卖盘不足的迹象。当市场处于这种情况,尤其是在升水市场时,大家就拥有了一个 10 比 1 赔率对你有利的稳赚不赔的交易机会。

出于同样的原因,一个没有升水的市场如果职业卖盘突然出现大幅

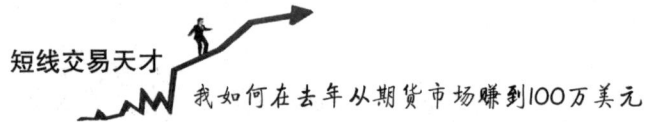

增加，那么你就得到一个10比1赔率的卖空机会。

我相信，每日未平仓合约数量能够准确地告诉大家企业是否正在卖空或回补空单。未平仓合约的重要性不容忽视。经过一次又一次的交易，我赚到了大笔财富，而那些每天获利30,000美元到100,000美元的日子都要归功于对未平仓合约的密切跟踪。

未平仓合约是最为广泛使用的工具之一。然而，值得庆幸的是，它又是最受人们误解的工具。未平仓合约是我在期货市场上获得成功的关键。

在讲未平仓合约的买入信号和卖出信号之前，我们先来复习一下未平仓合约的知识。大家知道，未平仓合约是市场上多头和空头的总持仓。由于每一笔多单都对应着一笔空单，因此未平仓合约就是多头和空头的持仓总量除以二。只有一个因素会导致未平仓合约数量的上升，那就是卖盘和买盘的增加。也只有一个因素能够导致未平仓合约数量的下降。那就是买盘和卖盘的减少。

由于企业是市场，尤其是空头的主导力量，未平仓合约数量的增加最有可能说明企业正在市场上卖空。

未平仓合约数量的减少则很可能说明企业正在回补空单，期待价格上涨。

这两个观察结果帮我赚到了数以万计的财富。如果说这本书当中有一页值得大家特别关注，那就是本页！

本页的插图说明了未平仓合约数量所发出的基本的买入和卖出信号。大家有必要理解价格和未平仓合约之间的关系。如图所示，看涨形态显示价格在区间内震荡，而未平仓合约数量正在减少。因此，企业已经回补了空单。

第五章 如何发现 10 比 1 赔率的交易机会

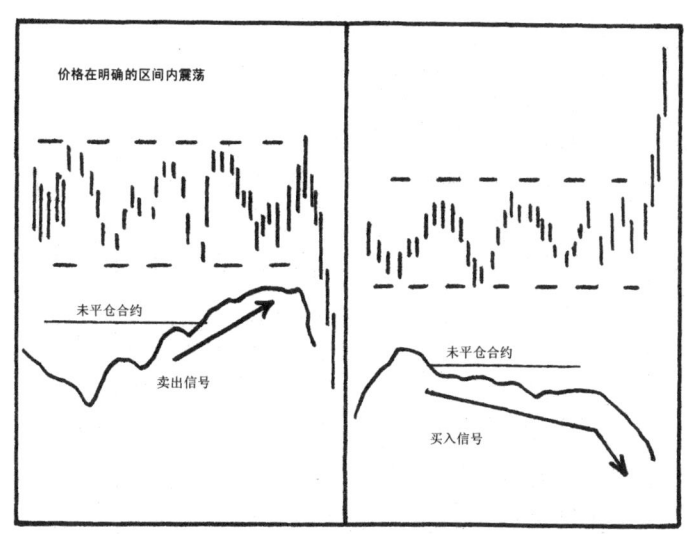

看跌形态中价格也是在区间内震荡，而未平仓合约则出现了增加。在理想的情况下，对于卖空而言，这一震荡区间将会成为一波大幅下跌行情的一部分，或是会在近期合约表现坚挺而远期合约表现疲弱时出现。这就构成了一个"稳赚不赔"的交易机会。

如果你现在就迫不及待地开始使用未平仓合约，可能会找到一些不错的交易机会。但是，你也可能会陷入一些非常糟糕的交易。我还没有充分强调震荡区间的重要性。

如果价格没有区间震荡，单纯的未平仓合约数量的增加或减少意义不大。一定要将未平仓合约的变化与价格的波动进行对比。稍后，我会给大家讲几个实例。

我向一些投资者展示了未平仓合约发出的交易信号，他们对这些信号在选择长期交易机会时的准确性惊叹不已。然而，他们总是试图在所有交易时段将未平仓合约用于所有期货市场。这是行不通的。要知道，我们要选择的是那些交易机会中的精华，其风险非常之小。我们并不是要捕捉到每一个市场波动。这就意味着我们必须遵守游戏规则，那就是寻找最优的交易机会。

还有一个未平仓合约形态需要大家注意。它通常出现在一波明显的看涨或看跌行情中。在一波明显的看涨行情中,也就是强烈的上升趋势中,价格会突然与大趋势相悖,急速下跌。如果此时未平仓合约出现减少,那么市场正在形成买入点。

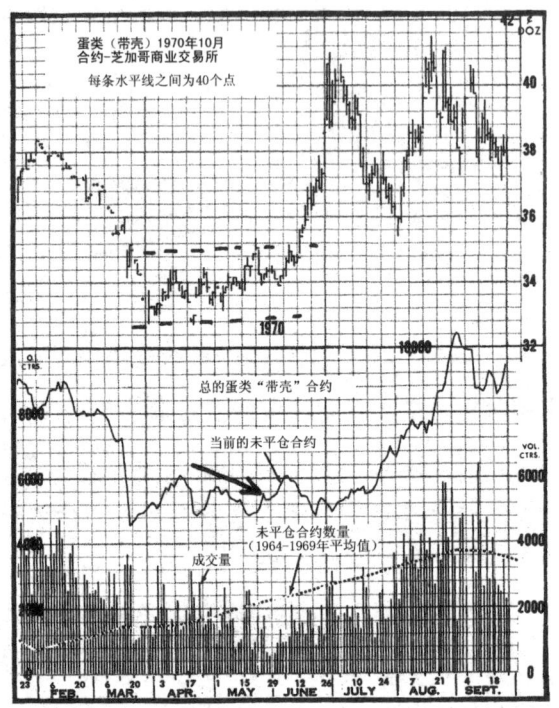

在一波强烈看跌的行情中,出现与趋势相反的反弹(尤其是伴随着未平仓合约数量的增加)则非常利空,形成卖空点。

我所说的未平仓合约的增加,是指25%的增加或减少就足以令我激动不已。低于25%的变化可能只是出于市场的特性,并非出于商业操作。

如果你肯花时间研究任何一种运用未平仓合约的图表服务,你都能很快发现主要的买入和卖出信号。例如,1970年4月和5月,当蛋类的价格维持窄幅区间震荡时,未平仓合约数量出现了减少,这就预示蛋类价格将会走高。如图所示,后来果然如此。

第五章　如何发现 10 比 1 赔率的交易机会

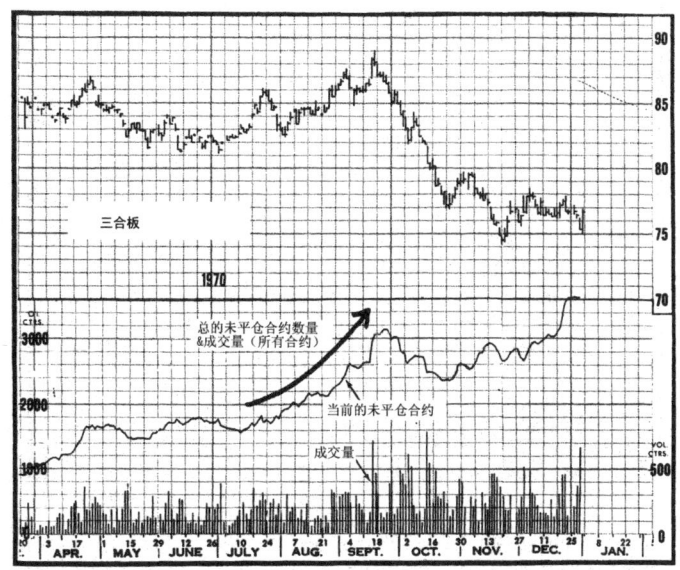

三合板市场上一个很好的卖出信号出现在 1970 年 9 月。在过去 6 个月里，价格在一个较大的区间内宽幅震荡。图表分析派将此视为一波强烈上涨行情的基础。然而，由于未平仓合约刚刚出现了增加，大家可能知道事实并非如此。市场最终还是在我们的预期中应声下跌。

请看 1970 年 6 月和 7 月的白银市场。这个例子很好的说明了未平仓合约发出的买入信号。两个月来，价格维持区间震荡，然而未平仓合约数量却急剧减少，明确预示着反弹行情即将出现。后来白银市场果然迎来了反弹。

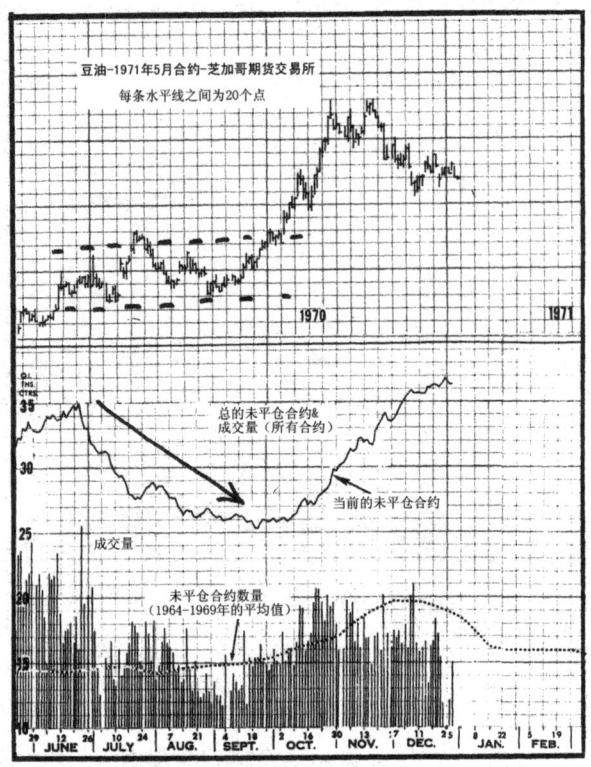

1970年7-9月,豆油波动平缓,稳中有升。一些最精明的豆油分析专家预测豆油价格将会走跌甚至崩盘。那种情况从未发生。取而代之的是一波大幅的反弹行情。

究竟是什么引发了这波反弹?正是我们值得信赖的未平仓合约。大家看这条线如何急剧下跌,告诉我们企业正在尽可能迅速的回补空单。显然,他们了解基本面的真实情况是将要趋于利多。

第五章　如何发现 10 比 1 赔率的交易机会

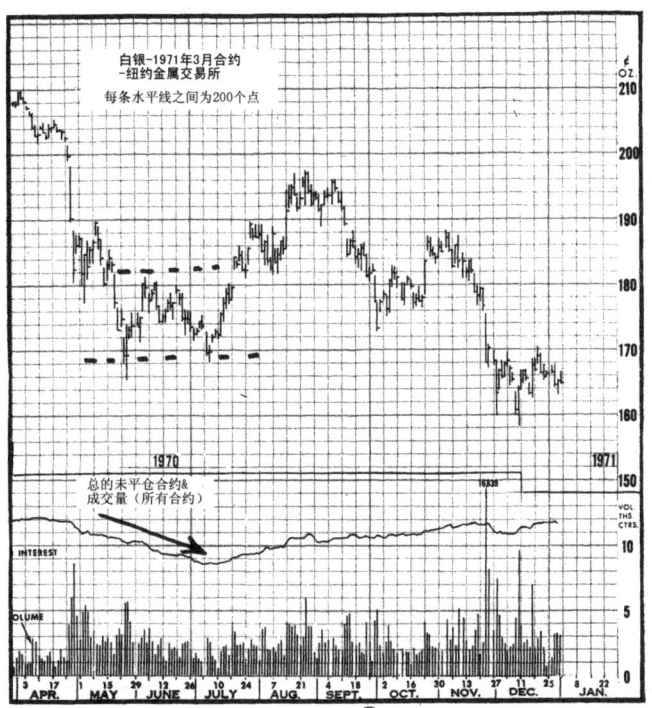

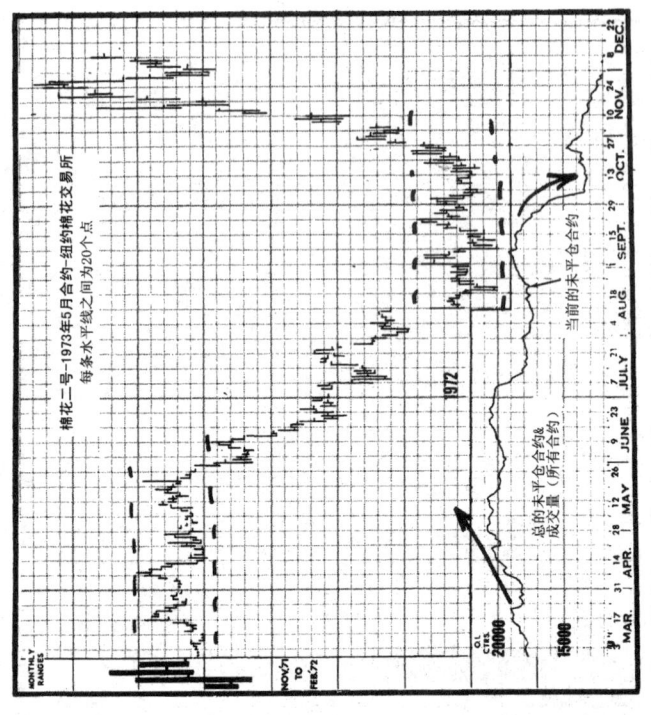

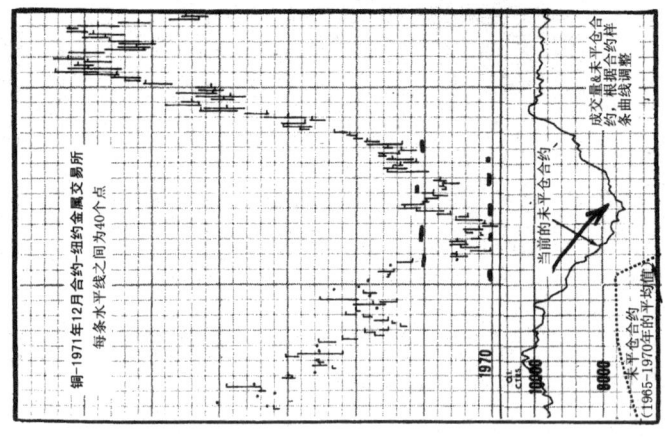

铜价的走势也能很好的体现未平仓合约的作用。1971年1月，铜价在区间震荡中触及底部。当时，未平仓合约出现了戏剧性的"下跌"，告诉我们后市铜价很可能走高。后来事实果然如此，铜价在短短

第五章 如何发现 10 比 1 赔率的交易机会

三个月内从 44 美分飙升至 59 美分!

1972 年的棉花市场发出了一个极佳的卖空信号。在 4、5 月份期间,棉花价格维持区间震荡,未平仓合约数量稳定上升,这就预示了市场即将出现暴跌。

后来棉花价格果然一溃千里!

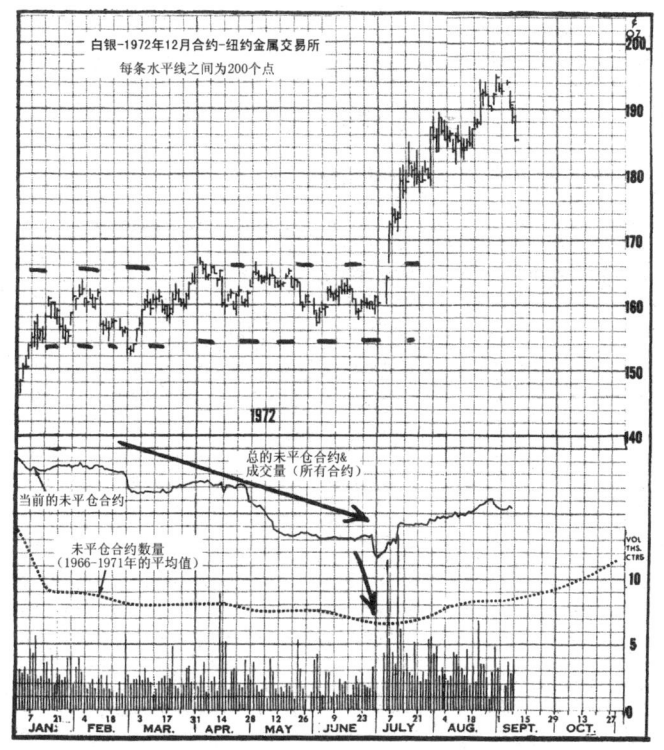

白银市场自 1972 年开始人气看涨,价格走高。但是当多头被 10 月份的下跌行情挤出市场时,白银的牛市就成为了历史。人们在华尔街找不到一个白银多头。然而,在这样的行情下,我们当中有些人还能够持有多单。为什么?因为随着未平仓合约数量的稳定减少,价格开始陷入宽幅区间震荡(如图所示)。

大家请看图中的手写字体。企业回补了空单,市场也将要迎来暴涨。

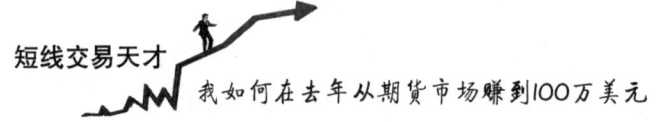

之后白银果然大幅走高!

这些工具为何能够有效

深夜里一边小口啜饮着法国白兰地,一边讨论着市场的起伏和交易的注意事项当真是一件愉快的事。我的一些博学的大学教授朋友说市场变幻无常,完全不可预测。对此我深感同意。许多市场走势都与预测相悖,当然价格波动本身并不能被准确的预测。

然而,当我们把注意力从价格波动转移到专家们的操作迹象上来时,我们的系统通常就能够发挥作用。当然,专家们有时候也会判断失误,被市场愚弄。不过,在给定的时间段内,这些"专家"还是会成为赢家。这就是为什么我们所提到的工具能够帮助大家获利。这些工具涉及的是专家的观点,而不是价格的波动。

我会继续与大学教授们争论价格波动到底有多么随机或是非随机,但是大家要知道我们所讲的内容可是我45年珍藏的老白兰地!

"钉牢"交易机会的附加工具

1. 相反的观点

如果我所用的工具正在发出买入信号,而大部分咨询服务机构的建议与我的信号相反,那么这个交易机会的胜算就会进一步增加!这是真的。因为在股票市场上,当太多人坚信某事一定会发生时,它却从未曾发生过。

大家可以通过订阅《市场风向标》(加利福尼亚州帕萨迪纳东格林

第五章 如何发现 10 比 1 赔率的交易机会

大街 431 号),或是订购《麦克达夫 & 萨恩斯》(加利福尼亚州洛杉矶威尔夏大道 6399 号,邮编 90048)这种周刊性质的经纪人信函来客观的衡量相反的观点。这两份材料都能提供各家咨询服务机构在期货市场上看多和看空的百分比。当各家咨询服务机构 100% 看多时,趋势跟随,市场上抛盘涌现。当各家咨询服务机构 15%-30% 看多时,通常意味着市场将会出现大幅的上涨。

然而,很重要的一点是,只有在强烈的上升趋势中才能将咨询服务机构低于 30% 看多视为真正的利多。卖出信号(咨询服务机构 50%-100% 看多)在熊市中有效,但在牛市中表现欠佳。

2. 市场面对消息的反应

如果我所用的工具正在发出"买入"信号,同时一则十分利空的消息又几乎未对市场产生任何影响,那么你就可以确定我的工具是正确的,市场将会出现一波大幅上涨的行情。

1973 年铜的牛市行情就是以这种方式发出的信号。未平仓合约数量急剧缩水,而升水却不断扩大。随后有消息称,近期将有大量铜投放市场出售。这条消息本应打压铜价跌停——那才是人们所预期的。但是,铜价仅仅下跌了两个小时就开始反弹,我们由此推断出铜的表现非常坚挺。

3. 通过图表预测

我会在后面的章节中详细讲解图表的作用,但是现在我要说的是,当价格开始在图表上出现缺口(如图所示)时,就说明买盘和卖盘在愈演愈烈。缺口通常出现在上涨行情的初期。价格经过区间震荡后形成的缺口通常暗示了价格将要突破震荡区间的方向。研究下面的例子,大

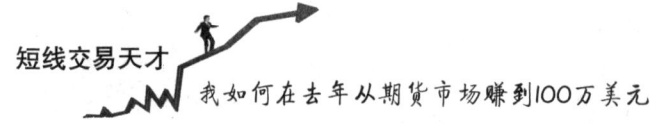

家就会明白这一点。

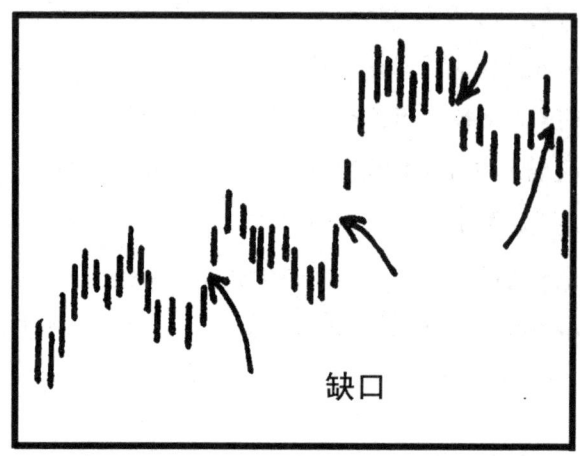

缺口

4. 大型交易商的义务

当你发现绝大多数大型交易商在某种商品上看空或看多时，你就能够确信，未来的某个时间，价格应该会朝着对他们有利的方向波动。一个理想的看涨行情是，大型交易商每持有五张多头合约对应一张空头合约。而看跌行情则要求大型交易商每持有五张空头合约对应一张多头合约。

虽然大型交易商的报告可能有用，但也确实存在着一些弊端。大部分大型交易商的操作都表现为套期保值或套利交易，并且都归因于农作物的季节性趋势。这可能会造成误解。然而，支持一种源自其他资料的观点是一件好事。或许大型交易商的报告的最大弊端在于，它只是针对谷物、肉类和蛋类。

5. 如何确认趋势的方向

大家都听过"胳膊扭不过大腿"，"不要白费劲"或是"不要逆市

第五章 如何发现10比1赔率的交易机会

而为"这些老话。这些话的意思是一致的。但是，我们究竟如何判断出潜在的真正趋势呢？

我并没有绝对的答案。我曾经试过许多系统，但是最后还是回到一个非常简单的指标，我会在选择买入和卖出时机那一章讲到这个指标。这个指标就是10周移动平均线。

为了得到这个指标，大家可以将过去10周里周五的收盘价求和，再除以10。然后，把得到的数据绘制在你们的图表上。只要这条均线是倾斜向上的，潜在的价格趋势就仍然是上升的，我们进行买入就没有逆市操作。

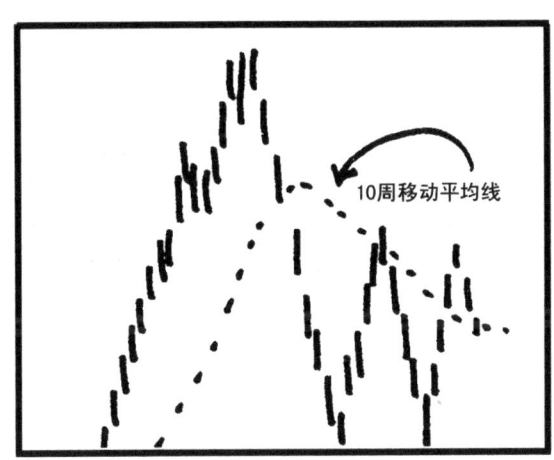

如果10周移动平均线趋于向下，我就会假定价格将朝着更低的水平演进。这就意味着，只有在10周移动平均线下降时，我才会卖空。只有在10周移动平均线上升时，我才会买入。这个工具能够很好的帮你避开糟糕的交易机会，还会帮你进一步识别出我们一直努力寻找的10比1胜算的交易机会。

识别出升水价差，并且在价格区间震荡时寻找未平仓合约数量的增加或减少。这就是确认下一波大牛市或大熊市何时开始的主要方法。

然后，通过相反的观点、市场对于消息的反应、大型交易商报告、缺口以及趋势方向进行检验和印证。

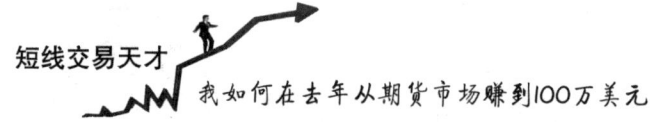

一旦你发现了升水扩大,价格维持区间震荡,而未平仓合约又出现减少这样的"交易机会",你就该选择进场时机了。我们前面所讨论的工具并不能用于选择买入或卖出的时机。它们只能用于选择交易的品种。不要指望这些工具是万能的,否则你们将会碰到大麻烦。

我们将在下一章讨论市场时机的选择。

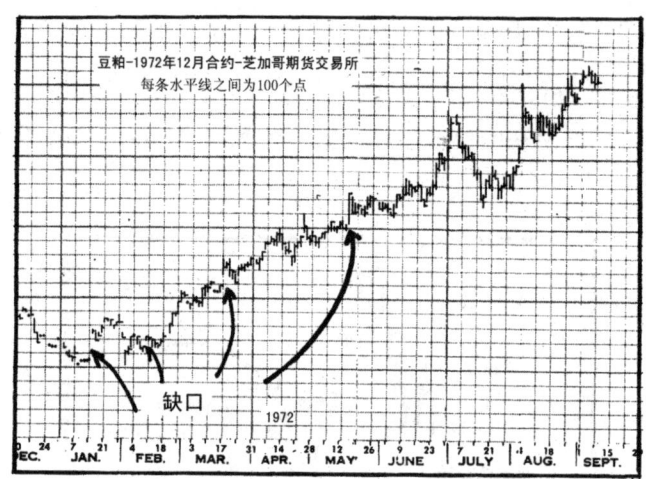

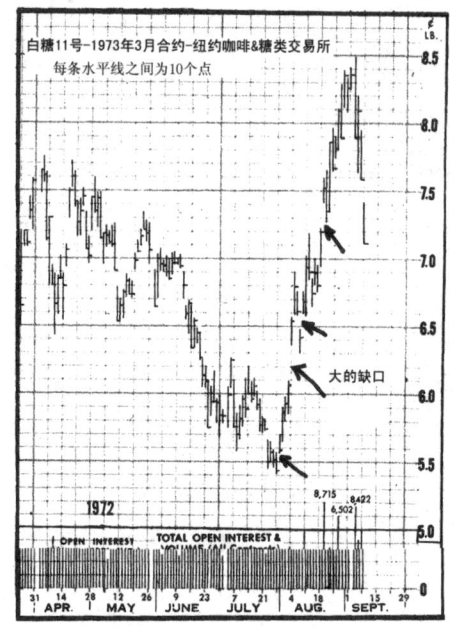

第六章　帮我一年赚到100万美元的交易工具
（此前从未公开过）

现在，大家应该已经掌握了期货市场和资金管理的基本知识，了解了自己以及成功的交易者的想法。除此之外，还有非常重要的一点，就是大家已经知道了如何寻找大的交易机会，也就是那些你要全力以赴应对的稳赚不赔的交易机会。

接下来，我就该教给大家如何选择入场时机和离场时机了。

我需要再啰嗦一句，我希望确定大家已经清楚了选择好的交易机会的重要性。

对于交易者而言，本章内容可能会是全书有意思的章节。我将要讲到的这些工具可能此前并未引起大家的注意。这些工具只有在明确的、主要的看涨或看跌行情中才有用。假如你将这些指标用于一个表现慵懒的市场，或是方向不明的市场，就请不要指望这些指标发挥作用。

我猜测这可能会令一些读者迁怒于我，但是我希望大家知道，虽然我衷心希望大家在市场中大获成功，但是只有你努力将这些技术工具用于方向明确的市场中时，这份成功才会来临。

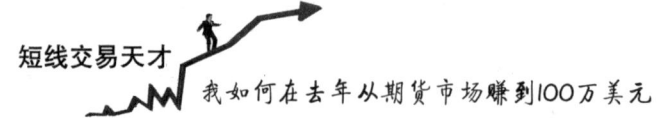

对技术理论的建议

　　与潜在的基本面不同，技术工具依靠的是每日的价格波动。基于这一事实，交易者必须清楚这些工具受制于迅速而又不可预见的变化。只有那些能够顺应变化及时调整的交易者才能获利。而那些已经陷入糟糕的交易，却仍然幻想着情况能够好转的交易者将会受到损害。所有的技术工具都受制于洗盘交易。所有的技术工具都可能出错。即便是那些帮助我翻了100倍的技术工具也会时不时的出错。但是，总的来说，这些工具都是正确的，当把它们用于方向明确的市场时，这些技术工具的效果会进一步加强。

　　所有的技术工具都是基于三个基本的方法。最常见的技术方法是趋势法。其次是势能法和超卖/超买法，最后是聚集与分布法。

　　趋势法最容易发出假信号，带来惨重的损失。事实上，从过去两周的市场表现来看，期货趋势系统（可能是最为广泛使用的）已经损失了40%的资产。仅在一天当中，他们的账户就缩水了17%！

　　趋势法在长期的、可持续的趋势中十分有效。然而，一旦价格陷入区间震荡时，任何交易系统（比如击穿任何一条移动平均线）都会导致损失。就我所知，至今没有人构建出每年都能盈利的趋势跟踪系统。

　　问题的本质在于，趋势系统不能预测哪些市场将会出现长期的、可持续的波动，也就无法帮助投资者在趋势跟踪中获利。趋势系统不能预测，只能识别这种长期的、可持续的波动。

势能的有效性

　　我的势能理论（遭到了许多咨询服务机构、著作以及经纪公司的非议）是基于对价格上涨和下跌速度的考量。

第六章 帮我一年赚到100万美元的交易工具

想象一下,将一个球抛向空中。在某个点处,由于我们看到球的移动速度开始减小,没有经过训练的眼睛就可以说这个球现在开始落下来。商品期货也是如此,除非我们用经过高度训练的眼睛去检测势能的减少。

为了简化这一过程,或是明确价格移动的速度,我在大约五年前发明了价格的变动速度。我用来衡量速度的定义和工具都十分初级。与那些使用计算机的前辈相比,我的方法简直轻而易举。

我们在这里所提到的势能理论与其他技术工具一样准确。而势能理论最大的优点是,它最便于在每日交易的基础上使用。具体使用方法如下:

价格变动的速度有多快?

找出某种商品期货价格的变动速度并不是什么难事。每种商品期货只需花费几秒钟的时间,你所需要的就是几张纸和削好的铅笔。

举个例子,我们假设你想为猪腩1972年8月合约构建出25日的价格变动速度指数。为了得到今天的指数,你从今天的收盘价中减去25天前的收盘价。如果猪腩25天前的收盘价为38.44,而今天的收盘价为38.72,那么今天的指数就是38.72减去38.44——也就是0.28。(总是从今天的收盘价中减去25天前的收盘价。如果猪腩25天前收于38.44,今天收于38.02,那么该指数就应该是——0.38。)明天也是同样的计算方法,用明天的收盘价减去25天前的收盘价。这样你就得到了下一个指数。以此类推。

在一张比例适当的图上,按照时间顺序将所得到的数字绘制在一条"0度线"上方或下方。正如下图所示,这些数字会组成一条实线,形成一条势能曲线。

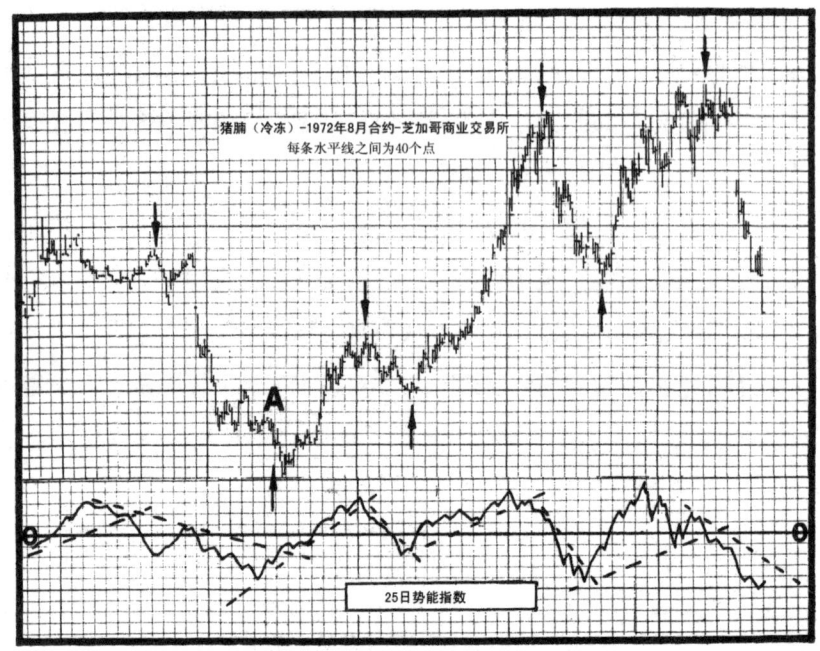

势能曲线蕴含着大量的含义。如果一条上升的曲线位于0度线的上方，就意味着上涨势能的增加。而位于0度线下方的上升曲线则说明了下跌势能的减少。出于同样的原因，位于0度线下方的下降曲线意味着下跌势能的增加，而位于0度线上方的下降曲线则意味着上涨势能的减少。

一旦我们在图中作出了这条曲线，就有许多方法通过这条曲线帮助大家预测价格的波动。一个十分简单但又相当有效的方法是，像图中标示的那样在势能曲线上画出趋势线。尽管势能通常都会领先价格触顶或筑底，势能指数的长期趋势被突破时还是会发出最好的信号。上一页图中的点A就是一个很好的例子，下跌势能的减弱领先于市场价格出现转折。

另一个方法是构建势能指数的10日移动平均线，并将势能指数向上突破自己的10日移动平均线作为"买入"信号，将势能指数跌至自己的10日移动平均线下方作为"卖出"信号。

第六章　帮我一年赚到100万美元的交易工具

重要的时间段

我们在上面的例子中使用25天这个时间段并非偶然。大部分商品期货表现出一定程度的周期性的价格波动。当我们试图将所选取的时间段与某个市场的周期性波动相匹配时，势能理论能够更好地发挥作用。对于猪腩期货而言，它的波动周期——价格从一个底部到另一个底部所需要的天数——大约是50天。因此，我们选择25天，或者说波动周期时间跨度的一半，作为我们计算变动速度或势能指数的基础。

市场上最重要的技术理论

在我看来，最有价值以及最有效的技术理论当属超买/超卖理论。这一理论或理念，其实是所有生命和思想的基础。我们可以从大自然中或是人体当中更好的理解这个最重要的技术理论。

在大自然中，我们有光明和黑暗，有黑夜和白昼。从方向上，我们有北方和南方。在我们人类的感情中，有高兴和难过。我们或炎热、或寒冷。即便是我们身体的化学物质也要么为碱性，要么为酸性。的确，大自然中的万物都是基于相互对立的基本概念。前和后，甜和酸。正如中国人所说的，阴和阳。

读过我上一本书的读者都知道，我对阴阳哲学进行了大量的研究，尤其是与市场相关的研究。最原始的概念是由中国人在几千年前创立的，它认为世界上存在两种力量相互对立的力量，而这两种力量是万物发展变化的根源。

在这两种力量的相互作用下，阴正要超过并且完全统治与其相反的力——阳。然后，阳重新恢复力量，重新获得实力并开始战胜阴，而阴

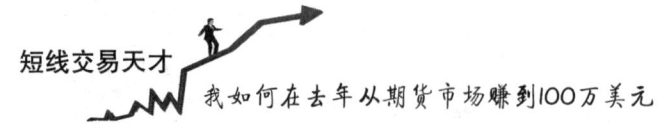

又会再次恢复力量。如此循环往复，正如一场正邪之间、光明与黑暗之间、冷热之间或超买超卖之间的无休止的战争。

不可思议的是，阳中有阴，阴中有阳。就像最邪恶的人身上也有善良的部分，而圣人身上也有缺点，起初看上去黑暗的房间里也会有一丝丝光明。

通过观察市场的波动，我发现价格的不平衡似乎总是一方力量先占据优势，与其相对立的力量再将其取代。看上去确定上涨无疑的行情很快就会突然大跌。这就是为什么那些在突破时买入的交易者很难赢到最后的原因。

突破通常出现在一波行情的末期，此时买方几乎已经完全控制了卖方。根据阴阳哲学，这种情况不会持续很久。

大家一定看过我所谈论的内容。随着卖方实力的不断增强，信心的不断膨胀，他们一定会被再度崛起的买方战胜。

或许，技术面研究的关键就在于理解平衡与不平衡。我对平衡与不平衡之间的界限做了一些研究，得出了一些令人鼓舞的结论，但是现在还不足以向大家汇报。

如何辨别某种商品处于超卖状态

关于概念和理论我们就讲到这里。接下来就是我如何去辨别一个超买市场或超卖市场。

我的方法可能是，也可能不是阴阳理论的最终答案。但是，它是迄今为止我所发现的理解价格的无规律波动以及轻松构建指数的最好的方法。它还有另外一个好处，那就是指数以%为基础表示，帮助你确切地了解属性的最大程度。当价格在区间内震荡波动时，超买/超卖指数并不是绝对的。因此，在某个时期处于超卖状态的在另一个时期可能就没有超卖。

第六章 帮我一年赚到100万美元的交易工具

我把这个指数称为 R 的百分数，或 R%。这个指数能够很容易测量出今天的收盘价在过去 10 天的交易区间中的位置。

我们假设过去 10 天的交易区间是 10 个点，其中最高的最高价为 65，最低的最低价为 55。

今天的收盘价是 58。大家可以看出，在过去 10 天的交易区间范围内，今天的收盘价非常低。

按照百分比计算，收盘价为 58 代表了总的交易区间范围的 70%。

如果该商品的收盘价是 55，那么这个百分数就是 100%。也就是说，收盘价是从交易区间范围的上边界到收盘价之间距离的 100%。如果价格收于 65，这个百分数就是 0，因为从收盘价到交易区间范围上边界的距离是 0%。

计算出 %R 的准确公式是，首先确定从过去 10 天的最高价到过去 10 天的最低价之间的距离。这是"交易区间范围"。

然后，计算过去 10 天的最高价与今天的收盘价之间的距离。我们称之为"变化值"。

剩下的步骤就是，用变化值除以交易区间范围的数值，就会得到今天的价格在过去 10 天的交易范围区间内所占的百分比。计算方法就是这么简单。下面举个例子。我们假设白银在过去 10 天中的最高价为 280.5，最低价为 272.5。今天的收盘价是 278.5。它的交易区间范围（从最高价到最低价）是 80。变化值（从今天的收盘价到过去 10 天的最高价）是 20。我们用 20 除以 80 就能得出今天的收盘价在过去 10 天的交易区间范围中所占的百分比。对于这个例子而言，我们所求的 %R 是 25%。

把每天的百分数绘制在你的图表上。它就能自然而然的形成从阳（超买，百分数是 0%）到阴（超卖，百分数是 100%）的范围。一般来说，如果在牛市行情中低于 95% 就是买入信号。如果在熊市行情中高于 10% 就是卖出信号。

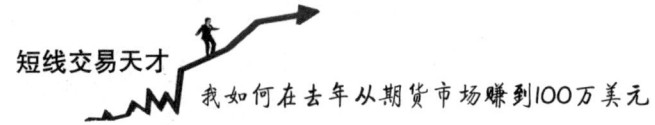

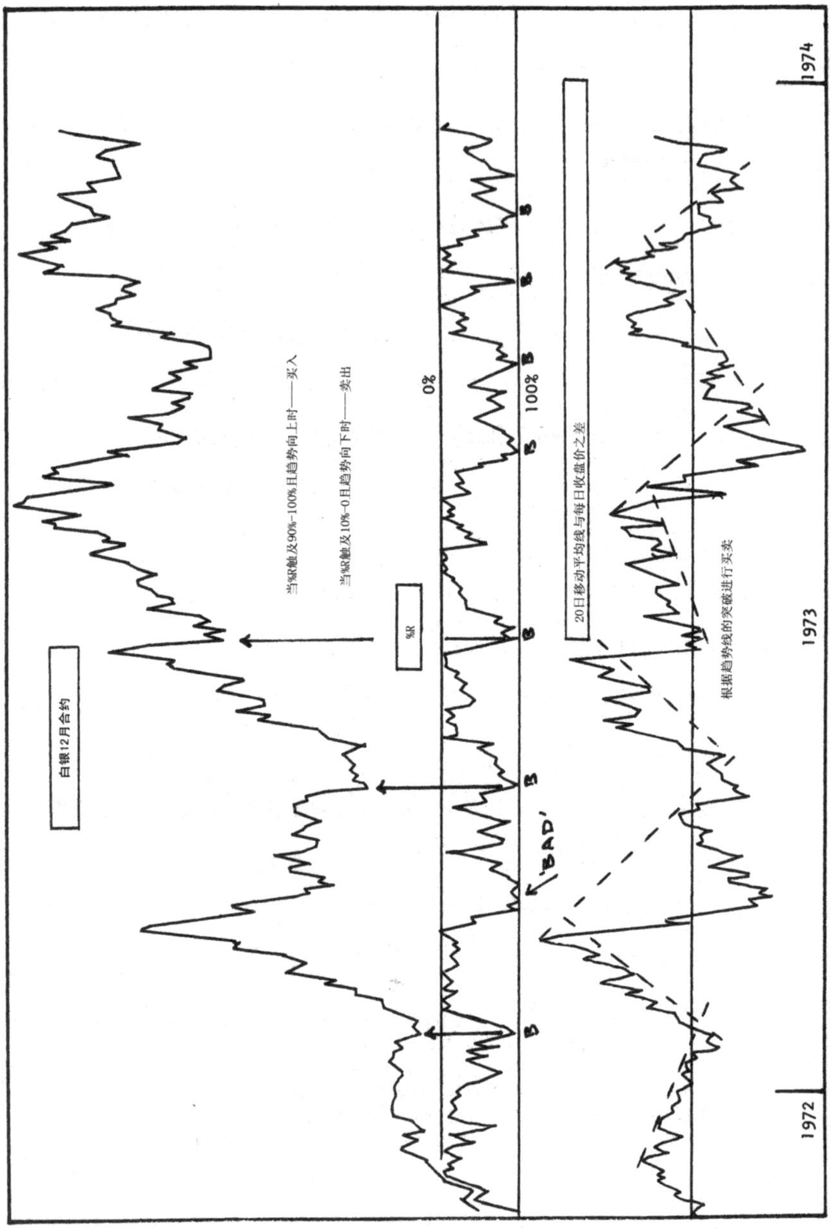

前面所讲的就是我的技术系统的精华。如果你坚持要在熊市行情中根据买入信号操作，%R 指数就不会起作用。现在大家应该明白我为什么要在前面的章节中如此强调区别牛市行情和熊市行情的重要性了。一

第六章 帮我一年赚到100万美元的交易工具

旦区别出牛市行情和熊市行情之后,你所需要做的就是用%R跟踪价格的波动,根据我们前面讲过的基本面情况,等待开始建仓的信号。

我们通过几个%R的例子来看看它的局限性,以及它的优点和历史记录。正如大家看到的那样,它总是能够捕捉到最好的买入区域和卖出区域。它是一个非常好用的指数。

选择白银的交易时机

这张图是白银12月合约从1972年11月17日到1973年11月1日。在这段时期内,白银处于明显的牛市行情,我在当时的咨询服务中也反复提到这一点。这就意味着我们所关注的%R指数完全在买方这边。我们只对那些低于95%的%R信号进行操作。总之,图中一共发出了8次信号。所有预测的近期的反弹幅度至少为1美分。这相当于每张合约获利1,000美元。

图中有另一个"糟糕的"时期,我特别标记了出来。这是一个%R信号出了问题的例子。这是唯一一个需要你在牛市行情中筛掉的买入信号。

如果价格在近期经历了一波急速上涨,显露出技术性暴涨的迹象,(这说明价格将会疯狂上涨,然后在没有成交量的情况下迅速跌停)一定要等待%R指数发出买入信号再去买入。当遇到下面的情况,你要耐心等待并做好买入的准备:

1. %R触及100%

2. 自从%R触及100%后,又过了5个交易日

3. %R再次跌至95%以下。

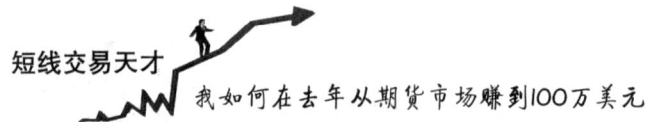

一旦满足了这三个标准,假设你是在一个牛市行情中做多,那么你就应该再次开始根据%R信号进行操作了。

除非在这个牛市行情中出现了疯狂的投机性暴涨,否则每当指数跌至95%以下时,你都应该尝试进行建仓。这个过程能够保证你在市场极度疲弱的时候买入,也就是阳正准备战胜阴的时候。

并非所有的信号都是正确的。我根本没有什么完美的指数。传说中的圣杯尚未找到。正因如此,我会用几个其他的工具来确认%R,用止损作为我终极的保护。但是,在判断市场处于超买或超卖的所有工具当中,%R仍然是我用过的最好的选择时机的工具。

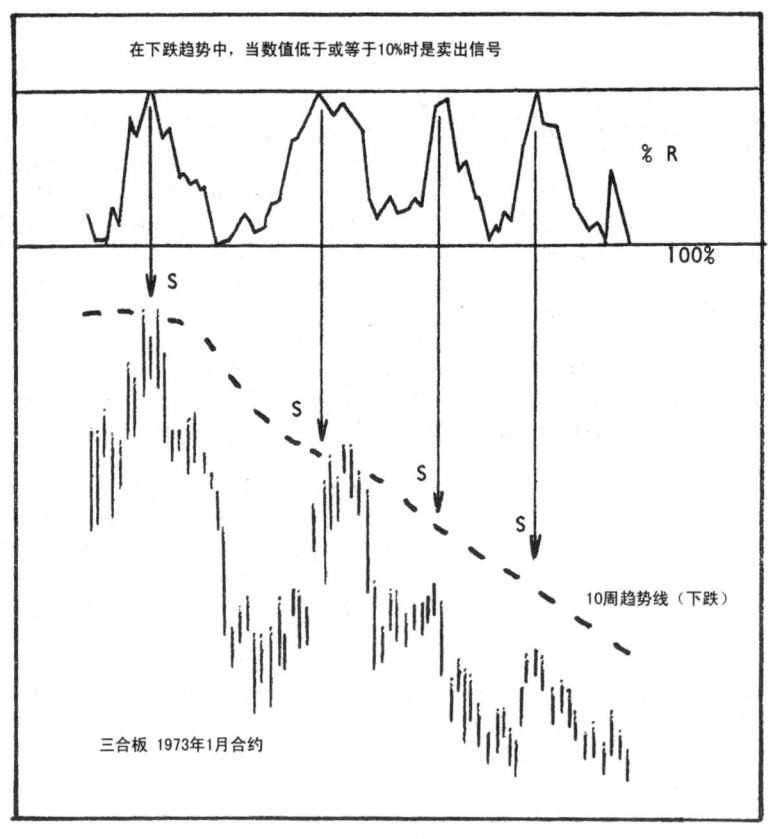

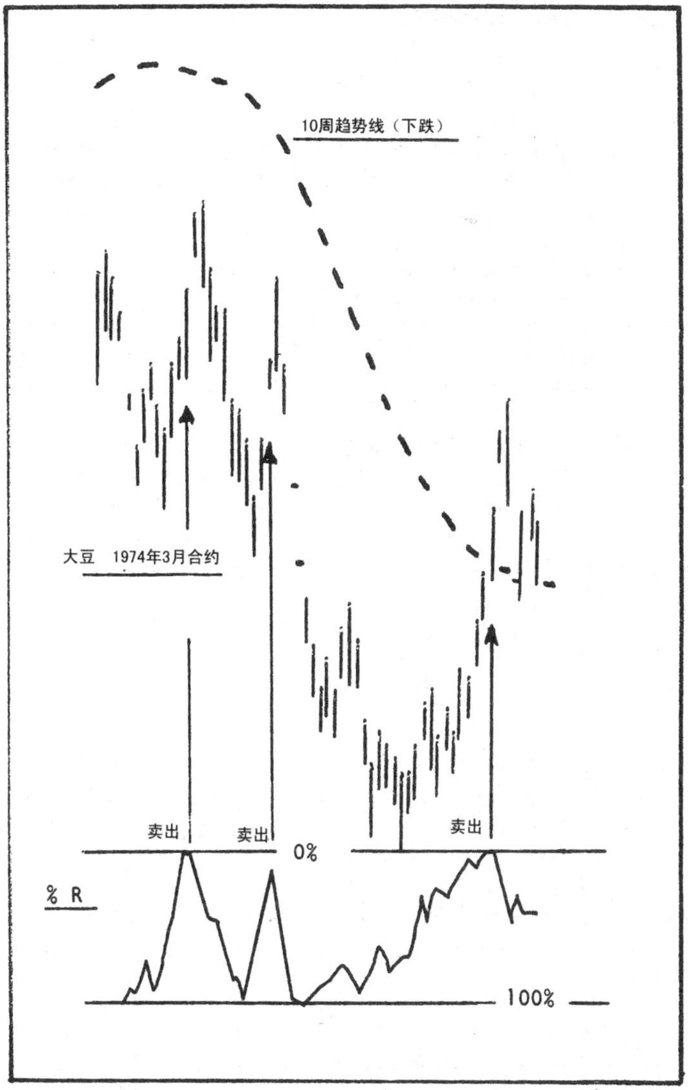

第六章 帮我一年赚到100万美元的交易工具

（图：大豆 1974年3月合约，10周趋势线（下跌），%R，卖出，0%，100%）

豆油的超额利润

在1973年，豆油也处于非常容易辨别的牛市行情当中。未平仓合约几次出现大幅减少。市场升水，大型交易商成为多头。所有的信号都

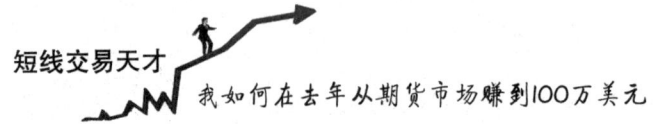

显示"上涨"。只剩下选择最佳买入时机的问题。这时候就要用%R！

在豆油10个月的价格走势图中，一共发出了10次买入信号，我都在图中标记了出来。在这10次信号当中，9次信号之后都出现了大幅的上涨。效果非常不错！敏锐的图表分析派会发现，这些信号都出现在价格极度疲弱的时候。因此，你几乎一直能够在市场极度疲弱的时候买入，而不是在行情出现转折之后。

确实，这就是这个指数的优点所在。当大多数指标还在等待行情出现转折时，%R只需要一天的时间就能够确认低点。这就意味着，你可以等到信号发出之后就进行操作，不用等到交易时段，而是让你的交易指令在第二天开盘处理前一天的交易指令时生效。这是一个大规模建仓的绝佳时机。

卖空的秘诀

利用%R进行卖空的过程则与买入相反。我们先找到一个明确的熊市行情。这也就是说，价格的波动趋势是向下的；未平仓合约数量不断增加，市场没有升水，近期合约价格低于远期合约价格。

下一步就是等待%R迅速上涨到10%或以下。请看1973年三合板市场上发出的美丽的买入信号。（没错，当时的三合板处于熊市行情）

此时此刻，阴正准备战胜阳，市场交易者开始向新入场的交易者卖出。%R很好地捕捉到了价格触及最高点的这一天。这个指数能够帮助我们在熊市行情中注意到许多主要的卖出点位。

识别大豆的卖出点位

1973年9月，大豆处于明显的熊市行情。大家很容易从图中看出。敏锐的交易者已经做好了卖空的准备。问题是，%R指数何时会触及卖

第六章 帮我一年赚到100万美元的交易工具

出时机？

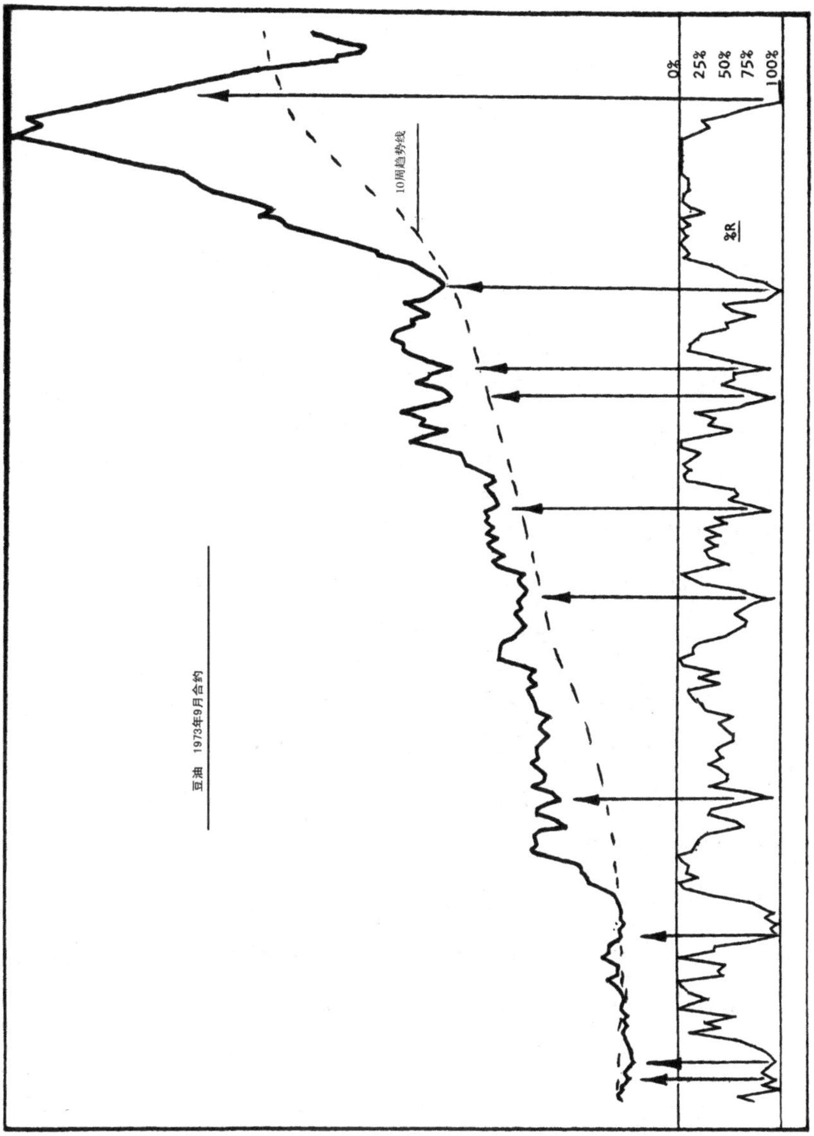

%R 上涨到了 11%，告诉我们该卖空了。第二天，大豆涨停，我们在 680 点得到了卖出信号。接下来的一天，一切都结束了。大豆径直跌到 590 点区域。如果你在 680 点卖出了一张合约，然后在 590 点回补，你就能够在十天之后获得超过 4,000 美元的净收益！

在熊市行情中利用%R的策略是，等待未平仓合约出现大幅增加（价格仍然维持熊市行情），然后%R触及10%或以下的卖出区域。提醒你该下决定的迹象出现在%R发出卖出信号之后的第二天。

让别人继续为市场中的一切烦恼。你只需要设好止损就完事大吉了。因为此时你的任务已经完成了！

如何在震荡行情中交易

当市场维持区间震荡走势时，大多数的技术系统都会失灵。那么%R呢？从历史记录来看，它简直就是为了帮助我识别震荡区间的顶部和底部而专门设计的，并且具有很好的准确性。

1973年3月的白糖市场就是一个市场长期维持震荡走势的例子。通过研究，我发现有确切的证据表明价格将要走高。但是，在震荡行情中，买入并持有的交易策略往往不如买入再卖出的交易策略。

在这种情况下，当%R触及90%或90%以下时，你可以买入。而当%R反弹回到10%时，你就可以卖出做空。你会发现震荡区间的顶部和%R的最高值之间存在着惊人的相关性。而震荡区间的底部和%R的最低值之间也是如此。

震荡行情说明价格上涨承压，下跌受阻，震荡区间的上沿代表着卖盘的压力，下沿则代表着买盘的支撑。通常情况下，%R上涨时出现卖盘，而%R跌回较低的买入区域时出现买盘需求。

书中还列出了几个关于%R的例子，以供大家练习研究之用。这些例子最大的价值在于，它们可以作为大家的历史参考。研究这些例子，并学会运用%R。当你们对自己想要跟踪的商品进行研究时，你们应该能够更好的理解运用这个指标。

第六章 帮我一年赚到100万美元的交易工具

综合运用势能和%R

大家现在已经了解了势能以及超买超卖。现在我们来学习如何综合运用这两个工具。前面的章节中，我曾经明确告诉大家在使用%R时，用10天作为衡量势能的基础，实际上我们还可以用其他时间段，比如25天，等等。以当前的循环周期为基础，选择一个效果最好的时间段即可。衡量势能的关键就在于——选取正确的时间段——然后再通过势能法进行计算。

我就是这样做的。然而，人们总是问我有没有一个统一的时间段。很遗憾，没有。不过，如果人们实在追问我，我就会告诉他们20天的效果最佳，特别是当他们选取价格的20日移动平均，然后决定今天的价格将会在移动平均的上方或下方的什么位置时。

这很好计算。那就是用过去20天的收盘价除以20。然后计算出今天的收盘价与计算出的20日移动平均的差。这个差值会围绕一条线上下摆动，说明价格的均匀分布。

书中白银的图表中，势能指标给出了几个很好的买入信号和卖出信号。这些信号都是由势能趋势线中的长期突破提供的。这些信号的出现告诉我们，价格已经丧失了动力，行情即将出现反转。所以，大家要做好准备！

如何在牛市行情中运用工具

在明确的牛市行情中，当你在比如白银图表上的"A"点得到%R信号时，你就会买入。而你的卖出信号则是在长期趋势线的势能的顶部（图中的"B"点）。

在这个例子中，每投资1,000美元就能获得5,500美元的盈利。

这里的诀窍就是在进场时运用%R指标,在离场时运用势能趋势。最后一点建议是:通过历史比较,当势能达到极值时,我们就应该不再等待趋势的反转,而是立即回补空单。在趋势反转之前提前获利了结并没有什么错误,尤其是当指标处于极端水平时。大家要记得阴阳哲学。

技术指标如何确认基本面情况

有一个技术指标简单到你几乎想要嘲笑它。但是,它却能够帮你看清任何市场任意时间的基本面情况。这个小小的工具就是我提供咨询服务,进行时机选择的秘诀。

首先,我们想象一下市场,并且确定为什么会有看涨趋势和看跌趋势。看跌趋势的形成是由于基本面情况利空,由于足够多的交易者意识到了这种利空的基本面并且开始卖空,打压价格走跌。看涨趋势的形成则是由于基本面情况利多,由于足够多的交易者意识到了这种利多的基本面并且开始买入,推升价格走高。

我最终得出了一个结论,我们不可能永远知道所有潜在的基本面情况。这已经超出了我的理解范围。我所能做的充其量是区分出哪些市场中胜算对我有利。在某些市场中,我可能对于基本面情况没有"感觉",那么我就会通过价格的结构来了解基本面情况。

毕竟,如果是基本面情况导致了价格趋势的形成,那么价格趋势就能告诉我们基本面情况可能怎样的。

第六章 帮我一年赚到100万美元的交易工具

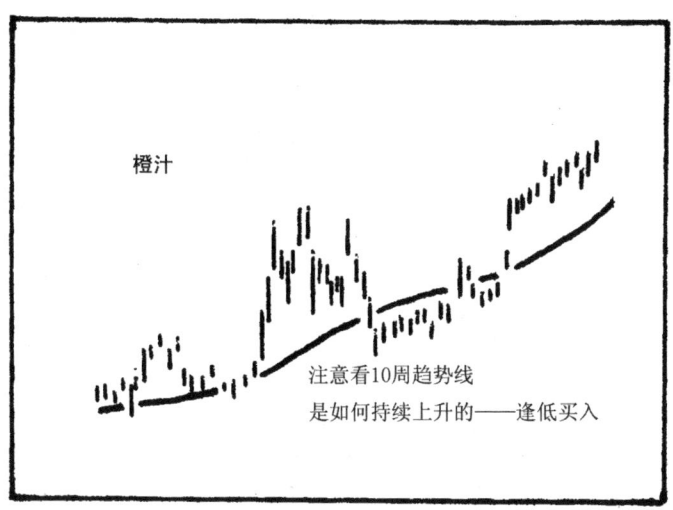

问题在于确定这一价格趋势究竟是看涨还是看跌。我们怎么做呢？整体趋势会由于市场的过于不规律而不准确吗？

我认为不会。通过周五收盘价形成的10周移动平均线，也就是过去10周里所有周五的收盘价，我就能告诉大家未来价格可能的方向（基本面情况）。把小数点向前移动一位，就能得到10周平均数了。

关于10周移动平均线的几条规则

1. 假设该商品处于牛市行情，当且仅当10周移动平均线处于上升趋势时，预期价格才会走高。

2. 假设该商品处于熊市行情，当且仅当10周移动平均线处于下降趋势时，预期价格才会走低。

3. 假设基本面情况不明朗，当且仅当10周移动平均线趋于平缓时，价格才会维持区间震荡格局。

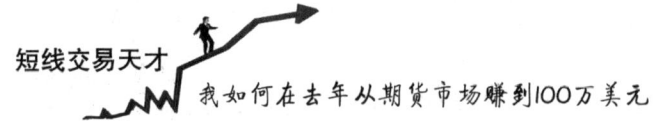

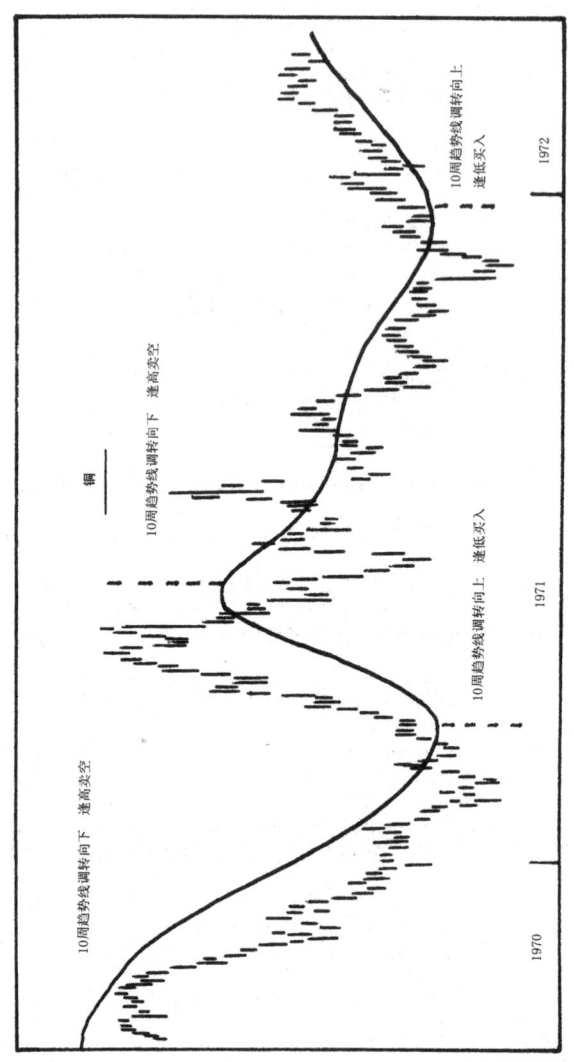

价格的平滑波动如何发现真实的趋势

我们在画 10 周移动平均线时,会将价格走势中出现的波动进行平滑。这样就能得到一条表明潜在趋势的平滑的线。基础物理学告诉我们,一旦在一个力的作用下开始运动,这个运动趋势就会持续。大家知

第六章 帮我一年赚到 100 万美元的交易工具

道，我们有一个可靠的工具帮助我们看清价格的结构。

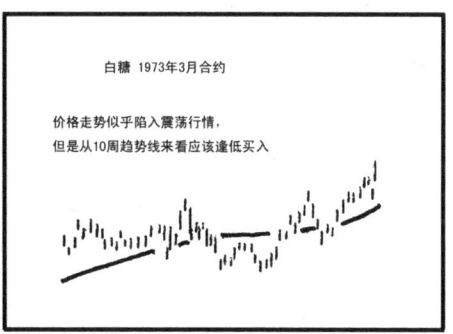

请允许我在这儿插一句，10 周趋势线在期货市场中最为有效，但在股票市场上却表现不佳。对于股票市场，我们需要用其他工具。

如何运用基本面方向指标

既然大家已经画出了 10 周移动平均线，那么也就得出了基本面的情况。大家已经掌握了洞察未来行情走势的钥匙。只要你图中的这条线向上倾斜，你就应该在市场中做多。当这条线趋于平坦时，你应该根据%R 信号来决定做多还是做空，而当这条线向下倾斜时，你就应该在市场中做空。

你若是想要逆着 10 周移动平均线进行操作，一定要记得你正在与潜在的基本面情况背道而驰。为什么还要逆势而为呢！

书中的例子能够帮助大家更好地理解 10 周移动平均线的使用。注意，表面看起来犹疑不决的小麦市场和豆油市场，实际上基本面非常坚挺，暗示交易者应该在大幅回撤中买入。

不利的一面

虽然 10 周移动平均线在市场操作中十分有效，但是我们必须知道，

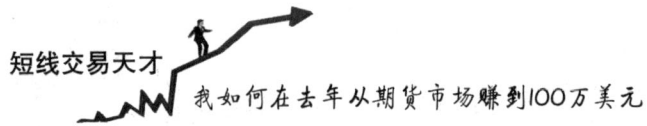

它的作用并不是选择最佳的操作时机。它的作用在于指明市场是处于牛市行情还是熊市行情。价格落在这条线的上方或者下方并不重要。我们关注的是这条线的<u>趋势</u>。

大家还要记住，在价格波动中这个指标总是正确的，但是它却永远抓不到顶部或底部。捕捉顶部或底部是短线技术工具的作用。

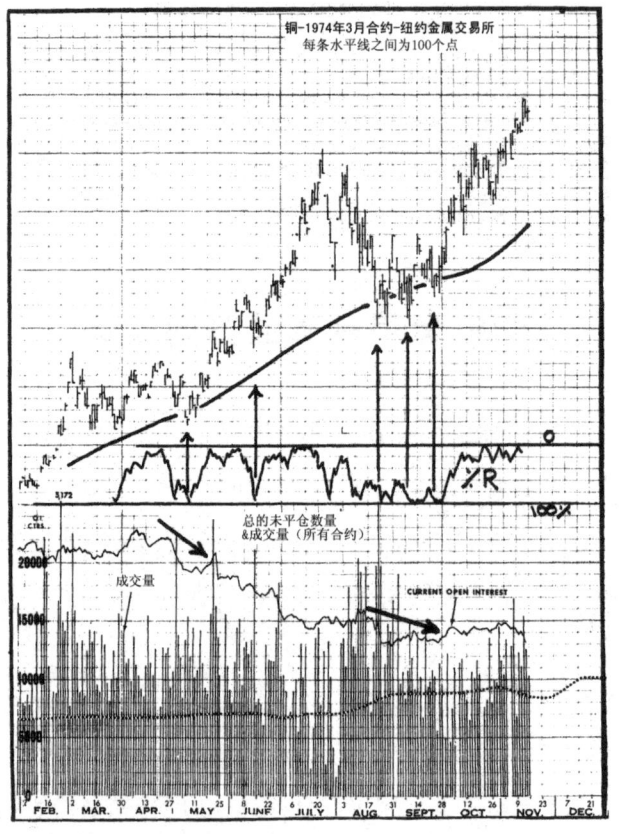

"轻松获利"的交易机会什么样

我们以 1973 年 8-9 月的铜为例，看看如何综合运用我前面讲过的几种基本面指标。

观察：1）未平仓合约数量的大幅下滑，2）看涨的价格升水（铜

第六章 帮我一年赚到100万美元的交易工具

10月合约的价格是89美分，12月合约的价格是83美分，1月合约的价格是81美分），3）铜的近期合约价格高于远期合约价格，4）10周移动平均线由平坦逐渐上升。

从时机选择来看，%R在两个低点处发出了买入信号。在这个交易中，胜算压倒性的对你有利。

也许本章内容对你而言并不是最重要的部分，但是它还是占了全书最长的篇幅。关于资金管理或是交易分析的章节可能是你在市场中获胜的关键。不管你们认为哪一章内容最有帮助，我都相信本章内容需要大家集中最敏锐的注意力，通过大量的阅读来彻底理解吸收书中的内容。一旦你对所有指标形成了自己的感觉，并且熟练掌握了这些指标的含义和用法，你就已经为开始交易做好了准备。

微信扫码添加舵手图书知识陪伴官
获取更多增值服务资料

第七章 我怎样解读图表

总的来说，我对于图表分析派以及他们摇摆的形态并没有太深的印象，虽然据说他们拥有能够迅速获取财富的法术。图表研究者既不知道概率的概念，也无法对他们的方法为何有效提供任何令人信服的理由（借口）。唯一成功的市场系统是建立在人们普遍了解的价格波动理论的基础之上的。而图表系统则是建立在幻想的基础上。

图表分析派充其量会说他的楔形形态是有效的，因为它们反应了市场上的供求关系。事实可能如此。但是，其他没有给予供求关系的形态也能形成同样的供求形态。纽约的交通事故死亡人数将会形成一个头肩形态。抛出一分钱，计算出正面朝上和反面朝上的次数，然后用图表标记出来，你也会得到像股票图表一样的东西。因此，图表怎么能反映出供求关系呢？

图表中反应的内容

我相信图表能够从三个方面提供市场走势的大致观点。首先，牛市行情和熊市行情大致沿着同样的基本形态发展，就像绿湾包装工队

（Green Bay Packers，美国橄榄球队名）每周打的橄榄球都差不多一样。第二，通过图表之间的比较，你可以在众多商品中找到表现最为坚挺的商品。第三，图表形态能够帮助识别出大行情的转折点和起始点。

我不知道有什么方法能让图表帮你捕捉到市场的每一波行情。图表形态并不是在市场上获利的灵丹妙药。它只不过是将胜算更有利于我们的情况分离出来，但这并不意味着它总能捕捉到最好的交易机会或最好的交易时机。

如何从图表中发现最坚挺的一种商品或一组商品

大部分关于时机选择的问题都已经通过我们所讲到的基本面工具得到了解决。但是有些时候，大家还是需要面对时机选择的问题，因为虽然你看多某种商品，却不知道应该买入哪个合约。也可能是，你虽然看多所有的农作物、肉类，等等，但是你想要选出一两种表现最好的品种。大家可以按照下面的步骤来操作。

小型投机商和经纪公司的赌徒坚持认为，要交易据交割日最远的合约——远期合约。有时候，这样做是正确的。但是通常情况下，这是一个谬论。通过不同合约图表的比较，我们就能判断出应该进行哪个合约的交易。

假设我们想要买入小麦。下一步就是密切关注所有参与交易的小麦合约，看看是否某个合约与其他合约相比走势最为强劲。这就意味着我们要关注以下几个方面：

1. 是否有一种商品抗跌，拒绝跌破另一种商品创下的低点。

2. 是否有一种商品比其他同类商品涨势更为强劲。

3. 是否有一种商品表现出了更强的反弹势头；拥有更大的日内波动区间。

第七章 我怎样解读图表

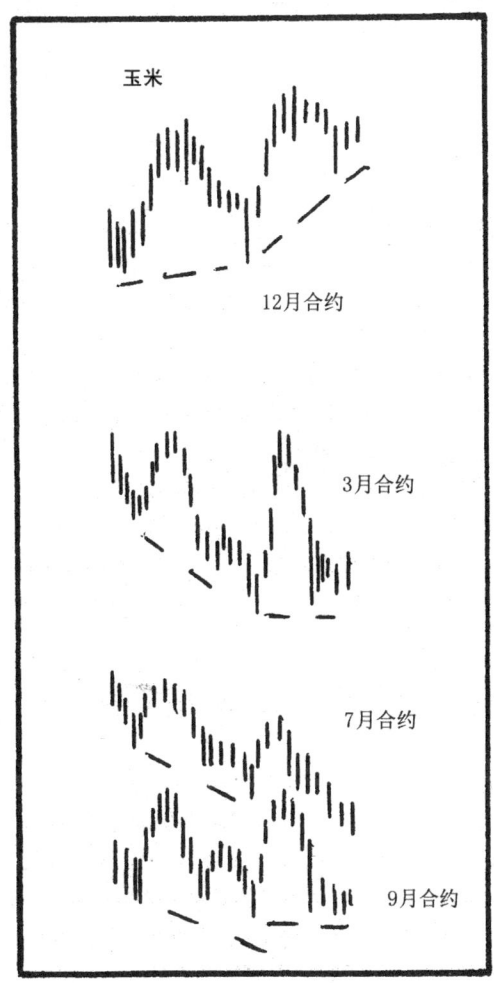

在脑海中记下这些问题，我们就能判断出哪种商品表现最强。那也就是我们根据信号想要买入的合约。以玉米为例。市场上同时有四个不同的合约。当时机来临时，你应该买入哪个合约呢？

希望你的回答是玉米的 12 月合约。这个合约的走势最为强劲，因为它的涨势较稳，并且持续强于其他合约。并不是所有商品都像这个例子这样一目了然。这一技术要求大家通过仔细的研究来不断完善，但是它确实十分有用。成功的交易者一定要掌握这一技巧。

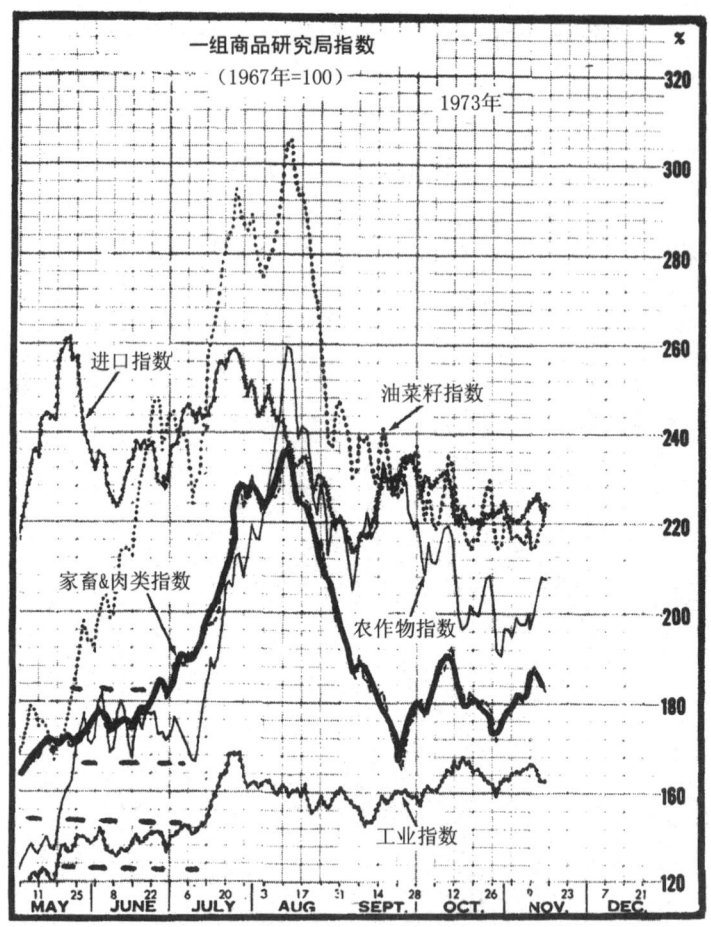

当整个市场似乎都要迎来上涨阶段时，你也可以用同样的技术去寻找表现最强劲的品种。

注意看，1973年年中，农作物经历了一波震荡行情。与此同时，肉类价格缓慢上升，由此我们得知当下一波牛市行情来临时，涨势最猛的将会是肉类。后来果然是肉类涨势最猛！

第七章　我怎样解读图表

我如何监控图表走势

除了订阅商品研究局的图表服务之外，我还会自己绘图。对于我所跟踪的品种，我通常会有两到三个选择。如果可能的话，我会把几个合约绘到一张图上，这样我就能更容易的判断每个合约的相对强弱了。图表作为一种非常有用的工具，充满了对于市场走势的洞察。所以大家一定要重视这个工具。

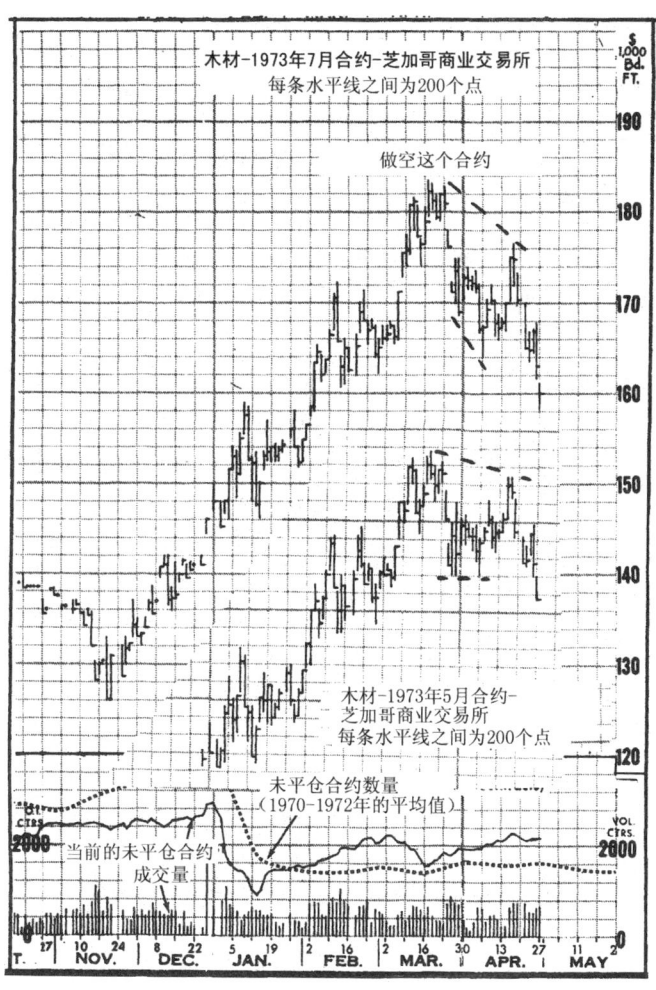

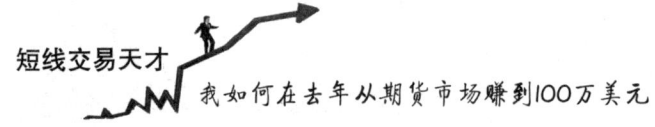

图表比较是我每天分析市场走势最有价值的工具之一。

下面的图表能够帮助大家更好地理解我解读图表的方式。我在适当的地方作了注释或是画出了趋势线,来提醒大家注意那些重要的背离。正是在出现了这些背离时,才显示出哪些商品表现坚挺,哪些商品表现疲弱。

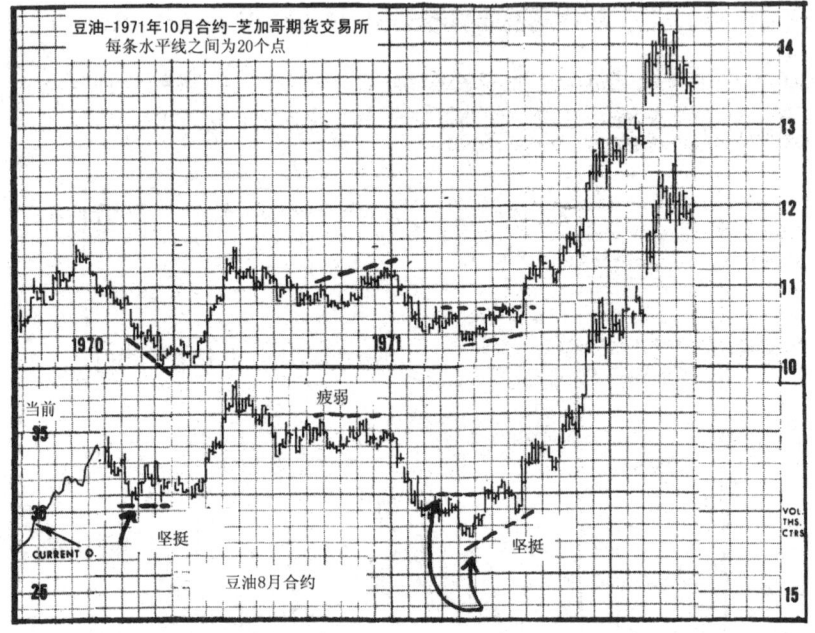

我还列出了几个在一组走势强劲的合约中表现疲弱的例子。这些就是卖空时机来临时你们想要卖出的合约。

第七章 我怎样解读图表

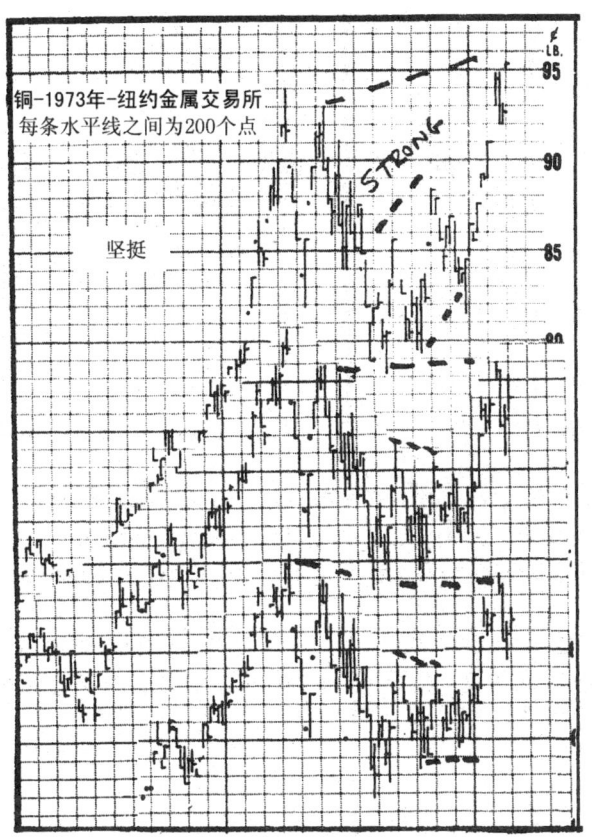

如何通过图表识别行情转折点

从某种程度上来讲,图表不仅可以帮助大家区分出那些上涨或下跌趋势的反转,还能够帮助大家顺应整体趋势。通常,这种反转日的出现方式有两种。

最常见的反转日是,价格大幅下跌,盘中几乎跌停,然后仅在接近收盘时出现反转。请见下图。

短线交易天才
我如何在去年从期货市场赚到100万美元

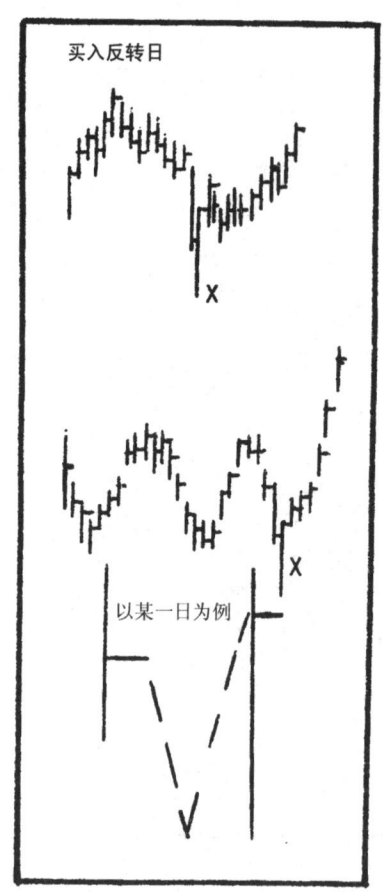
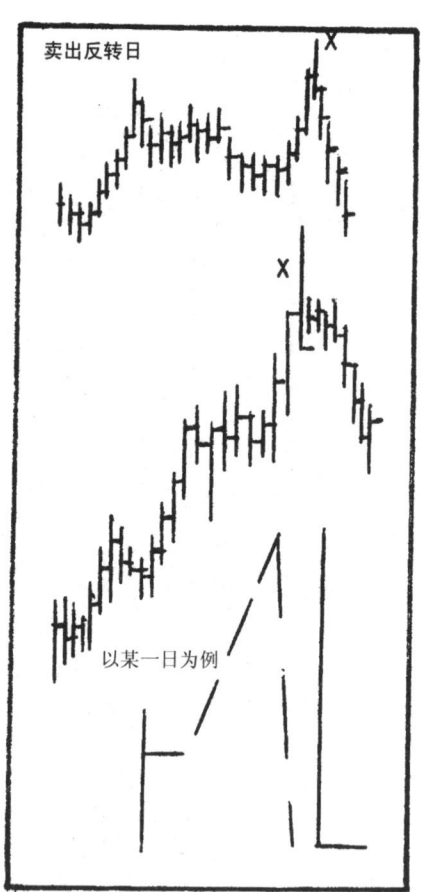

书中还列出了一组顶部反转和底部反转的例子。请注意每个例子中，当行情回落，价格大幅下跌，然后在接近收盘时回升，行情与主要趋势的短暂背离是如何结束的。

行情修正持续的时间越长，反转日就越重要。

关于反转日的新发现

第二种反转日大家一定从未听说过，就是价格大幅低开，然后收盘时大幅收低。价格可能收于跌停板或是接近跌停板，无论属于哪种情

第七章 我怎样解读图表

况,当日价格的跌幅都相当之大。

当第二天早盘的开盘价大大高于前一天的收盘价时,就意味着出现了趋势的反转。这种不寻常的坚挺表现反映了市场将会出现反转。因为这在本质上是价格未能跟随前一天的跌势继续下探。由于85%的情况下,收盘价收低意味着接下来会出现更低的开盘价,所以价格未能继续下探非常不寻常。如果收盘价收低,之后大幅高开,我们几乎可以确定一波新的行情已经开始了。

如果价格收于跌停板,然后第二天小幅高开,那么这一情况则特别重要。涨跌停板应该会导致更多的涨跌停板。如若不是这样,就说明市场上出现了新的交易机会。

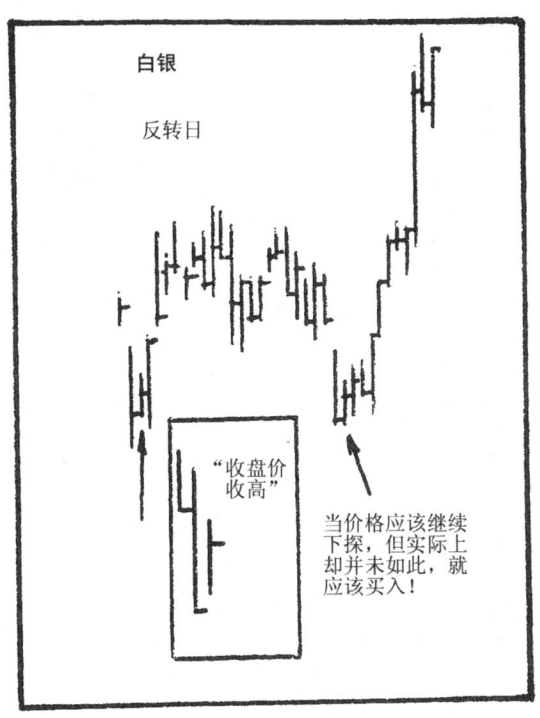

无论什么时候,当你发现连续出现了两个反转日,并且后一个买入反转日的收盘价高于前一个,或是后一个卖出反转日的收盘价低于前一个时,就说明市场发出了非常强烈的信号。这反映出了超乎寻常的力

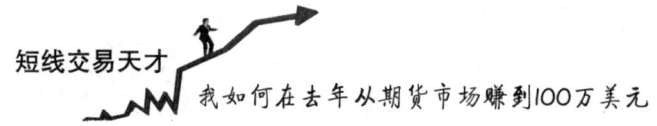

量。在我的记忆中,这种信号在带来利润方面从未失过手。

跳空缺口的含义

价格波动中的跳空缺口(今天的最低价高于昨天的收盘价;或者今天的最高价低于昨天的收盘价)也意味着重要的市场波动。

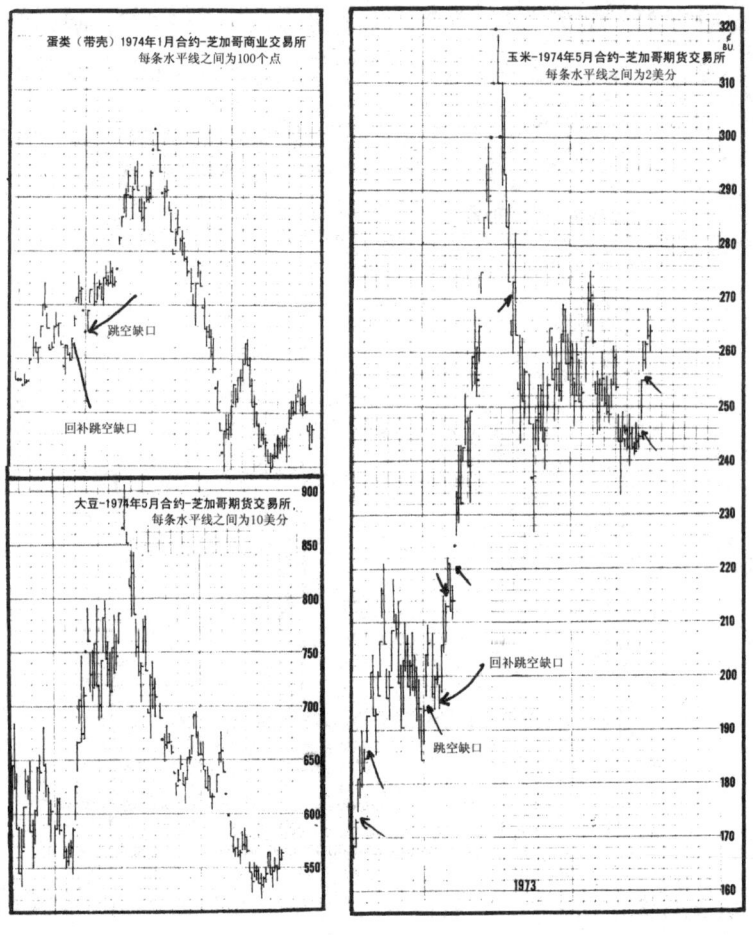

价格出现跳空缺口是由于买盘或卖盘的突然涌入。这种市场表现能够预测出重要的波动。

如果价格一直维持区间震荡波动，一旦出现了跳空缺口，通常就意味着价格将会向着缺口的方向突破震荡区间。如果跳空缺口是向上的，（第二天的最低价高于前一天的收盘价）价格很可能会出现上涨。1973年的玉米价格走势图中就有许多很好的例证。敏锐的交易者会注意到在价格维持区间震荡和整固阶段，图中出现了许多的跳空缺口——几乎所有跳空缺口都是向上的——因此这意味着价格将会继续上涨。

我们所总结出的规律是，价格朝着出现次数最多、幅度最大的跳空缺口的方向突破震荡区间。

跳空缺口如何帮你低于正常价格买入

由于跳空缺口反映了市场多空双方力量的失衡，因此价格通常会在突然上涨之后回补跳空缺口。事实并非总是如此，但是如果你正准备买入某种商品，一个明智的买入点就是跳空缺口的中部。

有时候，这些跳空缺口几乎是神奇地将价格拉回缺口区域。下图展示了最典型的买入缺口和卖出缺口的回补过程。注意这一过程如何体现了价格沿着跳空缺口的方向出现大幅波动，然后在主要趋势确立之前重新拉回缺口区域。

在等待价格回补跳空缺口时，你们可以在相当低的点位买入——也就是低于正常价格买入——与那些在出现跳空缺口一两天之后买入的交易者相比。

关于这个知识点，我也为大家列出了几个实例，并且用线条和箭头作了注释，来帮助大家更好的理解掌握跳空缺口。

短线交易天才
我如何在去年从期货市场赚到100万美元

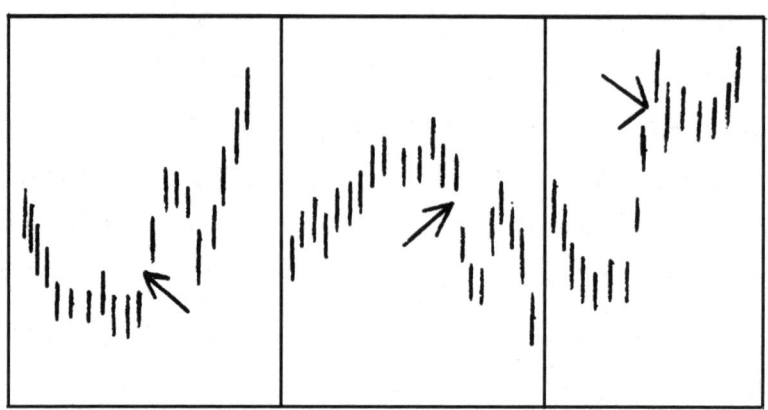

第八章 白银市场的秘密

本章内容是全书最有意思的章节，因为我将要向大家讲述一些你们可能根本不相信的事情。一些我首次提及大多数人都会嘲笑的事情。然后，我会继续向大家展示这些起初似乎十分可笑，但实际却非常准确的预测方法，这种方法能够提前几个月预测某些商品的价格波动！

我最好一吐为快。我相信市场交易者能够通过利用——月球，实现准确预测市场的目的。

50年前伯顿·普格写下那本名为"小麦市场的秘密"的小册子时，人们褒贬不一，有人说"哼，骗子"，有人则说"太神了"。这本小册子确实非常神奇——它的售价为30美元！早在1930年，那可是一个月的生活杂费。然而，它确实为农作物市场提供了一个不同寻常并且值得信赖的交易方法，这种方法的基础是在满月时买入，在新月时卖出。这听上去很傻，对吧？

我猜测，当时很少有交易者认真对待伯顿·普格的观点，但是时至今日，我们的思想对于不同的交易方法更具有包容性，当然，熟悉月球对地球的影响的人不会嘲笑普格早年的著作。

大部分人都知道月球每28天绕地球运行一周，月球的能量能够引

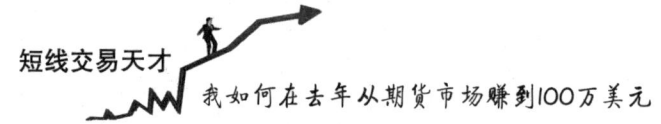

发高达 60 英尺的潮汐,但是很少有人知道心理学家研究发现,所有人类都存在着情绪的起伏周期。这一周期也是 28 天。

市场爱好者惊奇的发现,他们最喜欢的周期与月球的运行有着直接的联系。每一个认真研究市场周期的人都知道,市场上最占主导地位的股票周期是 9 年、17 年和 37 年周期。

你们知不知道我们的月球上的朋友每 8.85 年完成一个自转周期(月球沿着自身的轨道旋转一周)。这就是常用的 9 年周期的来历。将 8.85 乘以 2,就得到了常用的 17 年周期!

根据我的研究,最重要的长期市场周期是 37 年周期。举例说明:1929 年加上 37 年是 1966 年!具有讽刺意味的是,月球每 18.6 年横穿自己的轨道交点。将 18.6 年乘以 2,就得到了 37.2。计算股票市场周期还需要大量研究,但是基本的时间段与月球的摇动密切相关。

社会学家和犯罪学家对于犯罪案件在满月时激增的事实困惑不已。当然,我们都熟悉"lunatic"这个词,但是没有多少人意识到这个词源自"月球的"。

我想要说明的是,月球肯定对人类的行为有着强烈的影响。我认为,它对于许多商品都有着十分巨大的影响。但是这种影响是如何产生的,我无从知晓。我所知道的只是,我反复发现几种商品的波动与月球的运行相吻合,在新月时发出"卖出信号",在满月时发出"买入信号"。

最好的方法

曾经一段时间,我在全国巡回举办股票市场研讨会,我总是相信当我谈论月球的时候,一定能够恢复听众的兴趣。占星学爱好者认为我改变了自己的信仰,成为了他们当中的一分子,而怀疑论者则对月球和价格之间的相关程度困惑不已。

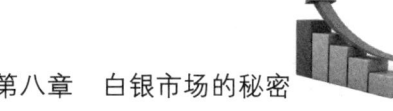

第八章 白银市场的秘密

我会反复强调自己并不是一名占星学家（我对于占星学所知无几）。我是一名投机者，一名市场观察者。当我注意到某件事可能成为某种诱因时，我的投机神经就会开始工作。无论这种现象是月球运行、生理周期、图表形态还是货币供应数据，我都必须进行调查研究。真正的投机者本质上是为那些无法回答的问题寻找答案的研究者。因此，当大多数人认为月球理论对他们而言有些过头时，我却发现这是一个十分有趣并且有益的研究领域。

买入信号

对于白银市场、小麦市场、玉米市场和豆油市场而言，每当满月出现就意味着买入信号。满月的出现可能就在市场创下低点或出现反弹的那天，也在市场创下低点或出现反弹的那天前后。早一天或是晚一天对我来说并不重要。真正重要的是，在出现满月期间，这些商品的价格通常会出现反弹。这就给我提供了充足的时间去考虑买入哪个合约，然后不断完善自己的持仓。

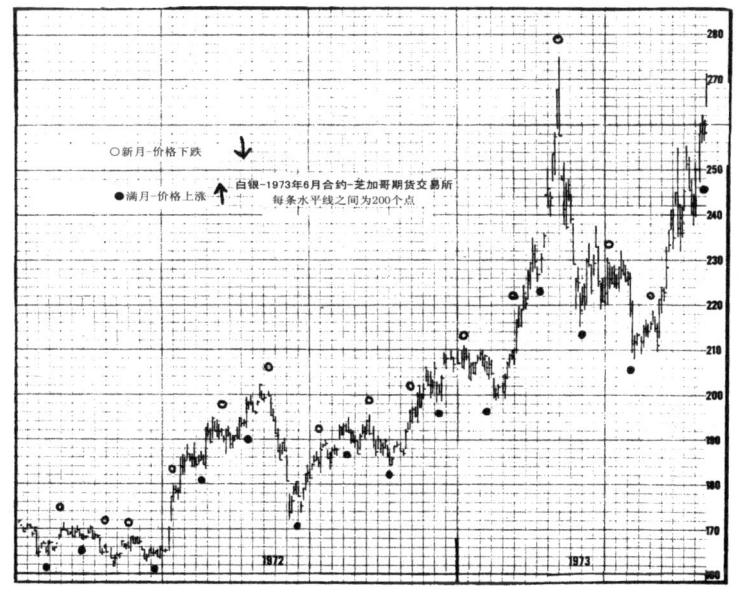

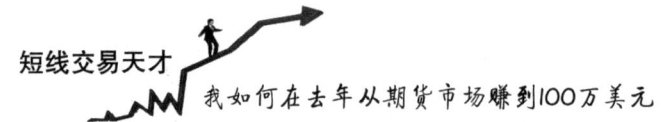

卖出信号

对于前面提及的几种商品来说,当月亮消失时,或者变成新月时,就意味着市场发出了卖出信号。随着月亮的消失不见,市场价格也开始下跌。

有趣的是,新月此时的温度骤降至零下260度。在牛市行情中,新月标志着小幅回撤,而满月则标志着大幅买入的时机。在熊市行情中,新月标志着大幅买入的时机,而满月则标志着小幅的回撤。

在这张白银长期走势图中,我把出现满月的时间都用实心圆圈在价格的下方标注了出来。出现新月的时间则用空心圆圈标注在了价格的上方。大家从图中可以看到,一共有28个月球的买入和卖出信号。

在18个信号当中,有15个信号都正确预测了未来的价格。大家可以评判以下,这是不是胜过了你们正在使用的大多数技术指标?

豆油的图表中显示了一些十分吸引我们这些月球观察者的数据。图中的新月和满月一共有16个。这其中只有两个信号不能获利。这种高度的可靠性超过了单纯的运气。也许这能够对我们的生活产生决定性的影响。

第八章 白银市场的秘密

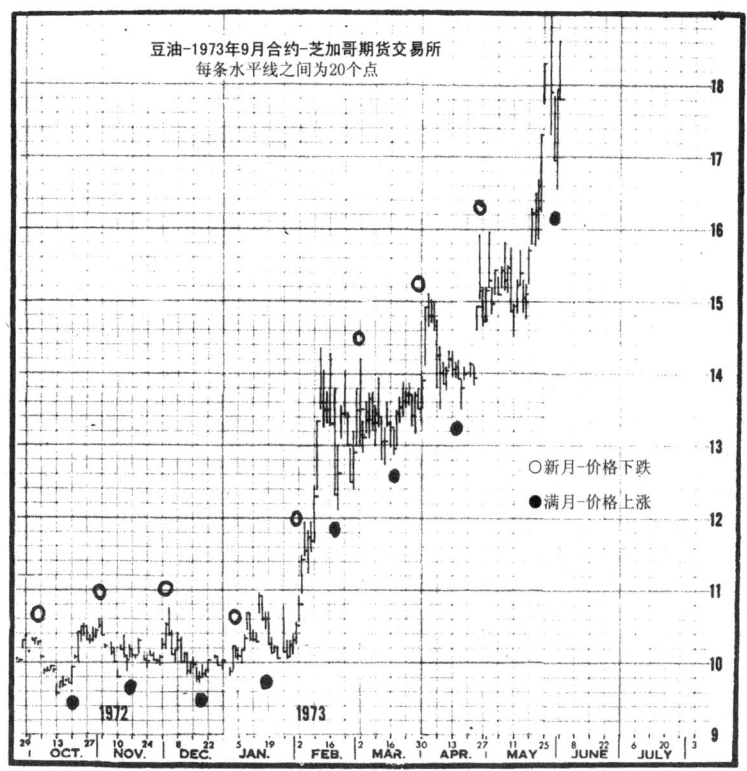

接下来，请看玉米的走势图。图中共有 22 个新月和满月信号。这 22 个信号全部正确的预测了未来的价格。那些敏锐的交易者在每一次转折来临前都得到了警告，因为他们知道月球的反转形态正在运行。

当然，对于任何事情，我们都不能盲从，即便是月球也是如此（不是双关语）。但是，我们应该密切关注这些至关重要的阶段，并且做好根据主要循环周期进行操作的准备。

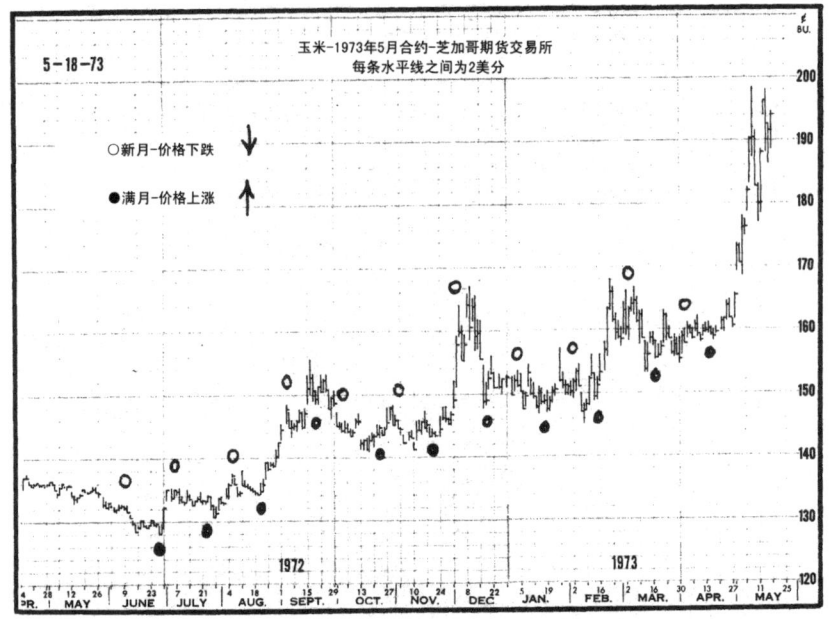

小麦的价格走势图也显示了一些有力的证据,证明确实存在某些特别的因素影响我们的商品价格。注意看在 1973 年小麦的牛市行情中,满月信号正确预测未来价格或是几乎捕捉到行情底部的次数。注意观察如果在得到新月信号后卖出,能够获得多少盈利。

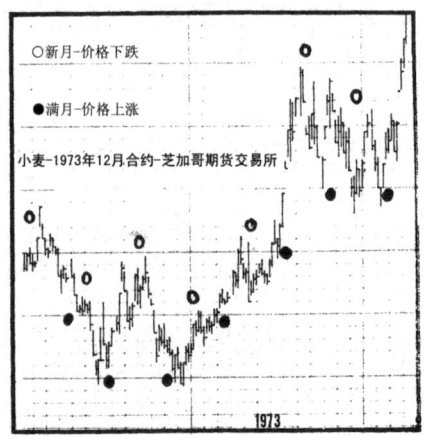

我对于月球的影响深信不疑,因此我会设置收盘止损,并且/或者如果价格未能在新月开始出现时反弹就立即卖出——也就是说,当行情

第八章 白银市场的秘密

应该处于牛市阶段价格却表现疲弱时,应该卖出。不受这些巨大影响力影响的市场都不是非常健康的市场。

下跌规律可以通过卡方检定（Chi-Square Test,一种统计验证方法）来判断月球信号的可靠性。有人则认为,这与1973年的市场行情只是巧合。

也许是这样。但是,当你想到人们自世纪之初就开始分析研究新月趋势；想到曾经有许多人对这一理论进行了阐述和论著,你就不得不承认（也许有些勉强）它可能确实不仅仅是巧合。

白糖市场的秘密

我的好朋友莫特·克利夫兰（Mort Cleveland）就职于《商品期货观察》,他就大量使用月运周期指导交易。据我所知,我是第一个谈论白银与月相相关关系的人,（普格只是写出了农作物和月相的关系）而克利夫兰却已经将月相运用到了商品期货交易的时机选择中。

克利夫兰的一个著名的交易窍门是这样的,当月球处于最大偏南方向时,白糖价格趋于下跌；当月球处于最大偏北方向时,白糖价格趋于上涨。凑巧的是,人们在任何一本售价约为0.50美元的《农民年鉴》中也能找到这些术语和时间周期。

从书中列出的白糖价格走势图可以看出,白糖的价格走势与月球的运行密切相关。赤纬的时间周期是13天。因此,买卖白糖的交易者应该结合13天的时间周期,密切注意白糖市场的反转。

克利夫兰还指出,可可在新月开始出现时反弹的概率是75%。我亲自对这一数据进行了检验（请看可可的价格走势图）,发现这个数字是正确的。

请不要认为月相信号是绝对正确的。虽然它们并非绝对正确,但当我们寻找反转信号时,它们却是值得信赖的指示。出现了满月并不一定意味着小麦和白银将要反弹。但是,从概率上来讲,商品价格出现反弹的可能性较大。而投机者们就会根据这种概率进行相应的操作。

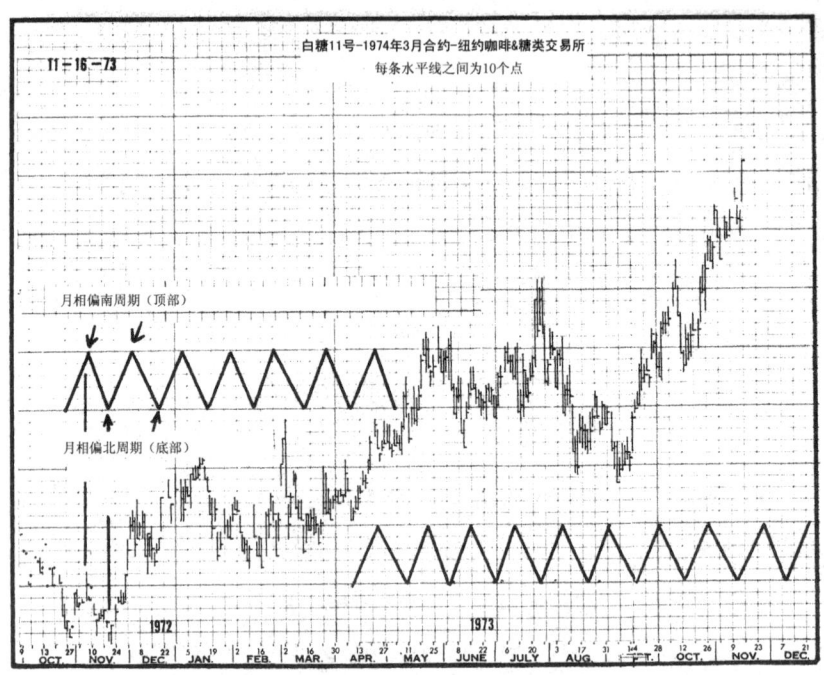

一项关于满月时和新月时的婴儿出生率的研究表明(南加利福尼亚州的卫理公会医院),一般来说,满月时的出生率比新月时的出生率高17%。这并不是说所有的婴儿都将会在满月时出生,而出现满月也并不意味着白银的价格一定会出现反弹。但是,它使得这个概率对我们有利。

当我们了解这个真相,就会发现大多数的周期性活动都是受到月球的、太阳的和行星的影响。我们会发现世间存在的循环周期如此令人着迷。而那些循环周期背后的诱因更是引人入胜。

第八章 白银市场的秘密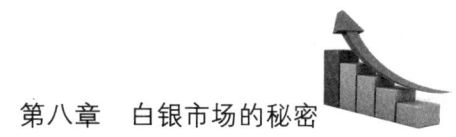

特别提示

假设一波大的行情在满月时开始上演。请看白银和小麦的价格走势图。

如果你在下一个新月出现时将满月时买入的多单平仓，不料价格却继续走高——你可以马上重新做多，因为直到下一个满月来临前，价格都将继续呈上升趋势。在这种情况下，价格会开始急速上升，并且进入暴涨阶段。

最后供大家参考的一点是，我建议大家仔细思考 1973 年的大牛市在 8 月份的最后一周经历了最大幅度的修正。大家应该猜到了——这个大牛市的修正与新月的出现同步！大家一定要好好研究月球对于市场的影响！

微信扫码添加舵手图书知识陪伴官
获取更多增值服务资料

第九章　交易分析如何助我赚到 100 万美元

如果大家花些时间读一下 20 世纪初关于股票或期货市场的研究和调查，就会发现一组有趣的数字。调查显示，那个时期，在所有交易者、投资者和投机者当中，95%的人亏损。只有 5%的人战胜了市场。

华尔街日报近期的文章和一些财经杂志的报告都显示了同样的数据——95%的投资者都是市场的输家——只有 5%的市场赢家。

想象一下，尽管我们在市场数据、市场理论、技术工具和基本面工具这些方面取得了十倍的进步，赢家与输家的比例依然是 95：5！

这让我明白，战胜市场远比拥有最有效的工具重要得多。根据我的理解，战胜市场意味着努力与市场保持一致。自我首次尝试理解个人动机开始，我就观察了大量的市场赢家和输家，因此我的意见可能对大家有一些价值。我也希望大家能够有所收获。

许多人对于在市场中获利存在着严重的心理问题，这主要是由两个原因造成的。第一个原因就是人们对于市场消息的自然反应。这种反应总是错的。日常逻辑在市场交易中并不奏效。这就是为什么在经纪人的圈子里大家都知道律师和医生是最大的问题群体。他们训练有素，能够根据逻辑模式进行反应。因此，这些受过良好教育的专业人士与其他人

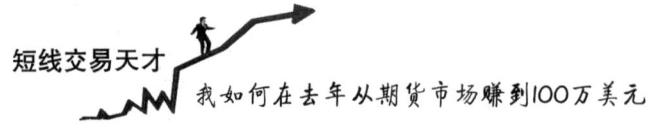

短线交易天才
我如何在去年从期货市场赚到100万美元

一样都会惨遭失败。

我认为，我们对战胜市场感到困难的第二个原因与我们的自身形象和儿童时期的个人动机直接相关。有些读者可能对这一点并不感兴趣，但是这些读者将会成为真正的市场输家！

之所以这样肯定，是因为我所知道的市场大输家们总是偏执于将他们的想法强加给别人。有这样一个人，他应该算是空前的大输家，成功弄到了我的私人电话号码并且来电咨询建议。我告诉他，除非他能够明智地根据我的建议进行操作，否则我的建议对他来说毫无价值。他给我讲述了他的经历。讲述了他是如何亏掉了一个规模不大、利润分摊的企业，如何无法告诉他的妻子和波多黎各工人（大多数投资者）事实的真相。我很容易就感觉到这个人肯定是一个注定要失败的人。

出于这样或那样的原因，他的250,000美元资金在短短三年内就仅剩了20,000美元。他总是被别人的论调所迷惑，被一条最新消息或是一个新的交易系统所蛊惑。尽管他可以责怪别人对他的误导，但是他自己承认，在所有情况下做出最终决定的都是他自己。

现在请大家告诉我，为什么一个受过良好教育的成年人总是跟着一些输家进行亏损的操作——然后坚持到无可挽回的境地！

我个人的感觉是，这个人想亏钱——他希望通过展示自己的弱点，从妻子、母亲、父亲或是其他有着强大影响的家族成员那里找到真正的欣赏、爱慕或认可。在许多方面，市场输家就像是故意胡作非为以引起母亲注意的小男孩。对于一个孩子而言，用这种方法吸引父母的注意未尝不可。

但是对于一个成年人来说，这种行为模式就不可接受了。

如果你花些时间研究任何一本畅销的关于交易分析的书籍，像《Games People Play》，《I'm OK, You're OK》或是《Born to Live》，书中的假说一定会给你留下深刻的印象；那就是大部分人一生都在参与某些游戏或是扮演某些角色。而这些"游戏"多数是我们童年经历过的。

第九章 交易分析如何助我赚到100万美元

一个嫁给酒鬼的女人没有想到在离婚之后又嫁了另外一个酒鬼。她就是扮演了这样一个角色；"哦，看看我多可怜啊，我能嫁给这个烂人难道不是太伟大、太宽宏大量了吗？"

惯犯又是什么呢？聪明的罪犯不会被抓到。美国黑手党科萨·诺斯特拉（Cosa Nstra）向我们证实了这一点。然而，大多数罪犯（他们都是心理上的失败者）总是会留下指纹、鞋带或是一些线索。这是为什么？当然，当一个人已经蹲过了两三次监狱，他一定知道如何在抢劫中不留线索。但是，他们从未成功地不留痕迹。

股票市场上的失败者也是如此。或许，早在童年时代，父母就告诉他们金钱是"万恶之源"。既然他们已经是收入不菲的高级经理或是成功的商人，那个训诫的声音偶尔还是会从地缝中钻出来。这个声音隐约在提醒他们金钱是"邪恶的"。它在他们的生活中充当了一种负面的力量，尤其是对冒险投机的金钱表现出"无所谓"的态度。

商品期货赢家：他们的共同之处

市场上的赢家有几个共同之处。或许他们共同具备的一个最重要的优点是思维开阔。童年时代的经历会对人们构成束缚，令人们错失获取最大成功的机会，而成功者则能够超越这一束缚。

对我来说，我经常发现自己做一些明知会亏损的交易。但是，出于某种莫名其妙的原因，我不得不这样做。结果我确实会出现亏损。我迅速意识到自己对早期的指令不够冷静。作为一个个人交易者，我应该能战胜市场，获得财务自由。

市场赢家并不固执。他们能够迅速承认自己的错误，市场上也绝对没有任何事情对他们真正有价值。

相反，市场输家则十分顽固，他们拒绝接受现实，拒绝认亏，拒绝

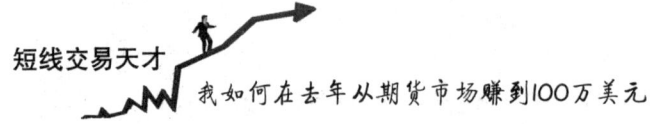

承认自己判断失误。

当一个赢家和一个输家同时以相同的价格买入猪腩期货,而猪腩价格意外下跌时,人们发现了一个有趣的对比。输家马上开始证明自己没有做错。他会讨好其他人,竭力要求他们支持他的观点。他会继续持仓,坚持认为全世界都错了,而只有他是正确的。

而市场赢家则能够迅速认亏。他并不在乎自己是对还是错,那不是问题的实质。对赢家来说,重要的是盈利,而不是他的对错。他也知道自己在众多的交易中只有一次做对了——但是他仍然能够以大赢家的姿态脱身。

赢家不会对自己的聪明才智抱有幻想。因此,他很容易承认错误。市场赢家有着无上的自信心。他可能会自吹自擂,告诉自己他是无往不利,所向披靡的投资高手。他可能经常公开宣称或是在潜意识里这样告诉自己,以至于这已经成为他性格的一部分。他毫不怀疑自己能将市场打得一败涂地。

识别几个市场"博弈"

博弈之一:"愚蠢的经纪人"

这个博弈市场输家们非常爱用。尽管我是第一个承认大多数经纪人不会帮你在市场中获利的人,但是我必须承认许多客户自己想要亏钱,并且利用经纪人和客户之间的关系来达到这个目的。一个办法就是在多个经纪人那里开设账户,这样市场输家就总是能把自己的错误怪罪到至少一个经纪人身上。

经纪人再次成为输家的替罪羊,他们的罪名包括没有设定止损,没有及时卖出,没有及时通知一条"至关重要的"消息,或者隐藏了交易风险。从某种程度上来看,这些责难在当时看上去都合情合理。但是我们要记住自己是成年人，交易者不应该依赖自己的经纪人获取信息。这是情感脆弱，寻求父亲般的人物帮助我们摆脱当前困境的表现。

博弈之二："愚蠢的客户"

如果探究事实的真相，你们会发现至少60%的期货经纪人都是在期货交易中亏光了全部资金，只能通过做经纪人来满足他们的交易瘾。

近年来，这些输家彻底潜入证券经纪公司，他们会竭尽一切可能让市场赢家落马。他们会通过大量的信息和误导夸大其词，从而令市场赢家感到紧张。这些经纪人痛恨赢家，他们会竭力避免自己的客户在市场中获胜。

博弈之三："帮帮我吧——我只不过是一个可怜的乡下人"

正是由于这个博弈的存在，才有了共同基金和咨询服务机构。市场赢家和输家共同保证了这个博弈的存在。赢家们意识到自己对于市场的某些方面缺乏了解，因此他们会寻找成功者帮助他们管理资金。

而输家们要么会找到另一个失败者来管理资金或提出建议，要么从他们祈求帮助的人中发现成功者。他们真正追求的只是一些能够自己操作的建议。他们尚未准备好将操控权交到市场赢家的手里。他们一定要向全世界展示自己的聪明才智，并且一定要自己进行操作。

博弈之四："我要休息"

另外一个常见的市场博弈发生在业务缠身的高级经理或商人身上，他们身处事业高峰，但却筋疲力尽。他虽然获得了成功，但却承受了过大的压力。他不会承认自己极度渴望摆脱单调乏味的工作。他会怎样做呢？一个方法就是亏光所有的资金直至破产的那一刻，这样他就能重新回到压力较小的普通生活。因此，他也就成了一个输家。

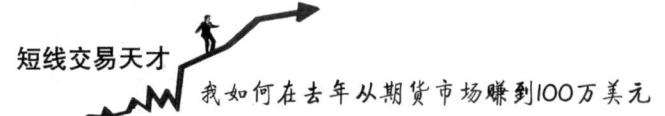

我为什么喜欢输家

我之所以喜欢市场中的输家,是因为他们让我每年都能赚到丰厚的利润。我在1973年赚到的数百万美元肯定是某些人亏掉的,而我认为这些亏钱的人并不是机构投资者。这些钱来自那些想要亏钱的人。也许他们无力承担这些损失,但他们还是亏损了。

如何成为市场赢家

如果你的经纪账户显示你是一个输家,或者你在读到这一章的时候感到悔恨,你在成为市场赢家方面就需要帮助。下面就是如何成为市场赢家。

首先,试着发展一些心理上的洞察力。阅读几本我们在前面提到过的关于交易分析的书籍。不要羞于自我肯定和自我分析。

有一位著名的绅士,他因为能够抓住每一波大的市场波动,所以被认为是期货市场的天才——但是,他却从未从这个市场上赚到过钱。这似乎非常令人难以置信,但是正是他的心理动机阻止了他将资金投入那些能够带来巨大回报的交易。经过对交易分析的简单了解,这位绅士发现自己的心理构成有几个十分令人惊讶的方面。现在,他已经变成了双向赢家。

阅读这类书籍能够帮你增长见识。这是我所采取的方法。通过这种方法,我开始理解为什么自己会进行那些没有盈利的交易。下一步就是有意识地告诉自己我能够并且将要成为一名赢家,告诉自己我在其他所有方面都获得了成功,在市场交易中也不会例外。通过更多的了解自己,了解我的动机和问题,我将会实现自律,战胜市场。

我的方法包括大量的冥想、祈祷和自我评价。这个问题在于集中精力战胜市场。在于让自己认识到,即便是在最糟糕的时候,我也能够通

第九章　交易分析如何助我赚到100万美元

过保持自我平衡和严格遵守自己的交易策略来收回投资。

我是赢家！我一定会在市场中获胜！

只要对前面的话稍作改动，你也能成为赢家，在市场中获胜。与其不停的想象市场多么险恶，还不如想象你能从市场中赚到多少钱。每一个消极的思想波动都有一种特殊的能力，能够抵消两个积极的思想波动。因此，大家一定要坚信自己就是赢家，并将这种信念融入自己的性格。

这就意味着想象你将要赚取的利润，并且为之制定交易计划。毕竟金钱本身没有价值。在满足了生活必需之后，你必须用剩余的钱做点什么。要坚持利他主义。将你的资金用于其他人能够获益的地方，并且总是想着"成功"。

当你接连从市场交易中获利，单单是你的经纪人那一脸的疑惑或许就足以激励你继续努力！

可能许多读者无法接受冥想或是祈祷的方法。对我来说，祈祷或冥想具有相同水平的接受性。在这些层面上，大脑似乎能够接收你想要获得的任何需求。

我通过放松来做到这一点。对我而言，最理想的状态是在户外进行冥想或者祈祷。我会试着完全放空自己的思绪。要达到这个这个阶段并不容易，但是当你做到了，你就能够开始重新为自己制定计划。

你可以坚持几分钟时间，如果时间过长的话会让人感到疲惫。我由衷的认为，如果你真正想要，生活中没有什么是可望而不可及的！只要你愿望足够强烈，甚至愿意放弃自己钟情的钓鱼、打高尔夫球或其他业余爱好，将所有精力投入市场中去，你就能在市场中赚到大钱。

你必须告诉自己，好好讨论到底是什么阻止你赚到更多的钱。是因为你没有设定止损，没有集中精力应对大的行情，还是因为你过度交易？找到原因，然后告诉你的潜意识，也就是阿尔法波，你不会再犯同样的错误。正如爱弥儿·柯尔（Emile Cove）对学生所说的那样，"每一天，在我生活的每个方面，我都做的越来越好"。

第十章 期货市场有用的交易提示

我的第一本书名为《选股的奥秘》("The Secret of Selecting Stocks for Immediate and Substantial Gains"),看过这本书的读者告诉我他们最喜欢的一个章节是我给出股票市场交易提示的那一章。因此,我决定在本书中也加入这样一章内容。请不要将股票市场的交易提示和接下来的期货市场交易提示混为一谈。这两者有时候截然不同。

希望大家在看完本章之后,能够学到市场多样化的策略。经过对价格波动多年来的观察,我确信市场并不希望我们掌握最佳的交易技巧,因此市场经常故意将我们引入歧途。下面我们要讨论的是,如何避免踏进这些每天都会出现的"陷阱"。

如何从早盘的剧烈波动中获利

当市场上涌现出过量的买盘或卖盘时,价格就会出现剧烈波动。这种剧烈波动可能是暴涨,也可能是暴跌。我研究发现,在期货市场开盘第一个小时的交易中,价格出现剧烈波动的情况占到了70%。如果前一个交易日的走势非常坚挺或者非常疲弱,那么价格出现剧烈波动的可能

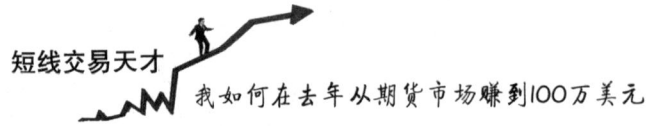

性就会更大。

上周,猪腩期货有两个交易日出现涨停。其中第二个交易日收于涨停板。这种情况就属于价格暴涨,因为市场上突然涌现出过量的买盘。第二天一早,猪腩开盘涨停,之后出现暴跌。事实很快证明此前买多的交易者判断错误,因为价格已经跌了将近 200 点。许多交易者止损离场,却没料到价格后来又重拾涨势,并最终收于涨停板。

根据我的价格剧烈波动理论,我们绝对不能在开盘第一个小时的交易中买多,特别是当前一个交易日收高时。

这并不是说所有的买多都绝对不能在开盘第一个小时进行。我只是强调在价格剧烈波动时,(表现为开盘第一个小时出现大幅上涨)最好保持观望并等待盘中出现小幅回调。

如何确定商品价格波动周期

似乎人们能够推断出的自己的所有活动都可以细分为周期性活动。国际战争的爆发存在周期(其顶峰是在 1984 年),纽约的交通事故死亡率存在周期,美国南部的黑人私刑数量甚至都存在周期!所以,我们发现大多数的商品都存在有规律的波动并且逐渐发展成周期性行为也就不足为奇了。

如果你对这些周期深深着迷,你可以定制利用计算机分解各个周期性分量的服务。这种服务的收费大约是每年 300 美元。

第十章 期货市场有用的交易提示

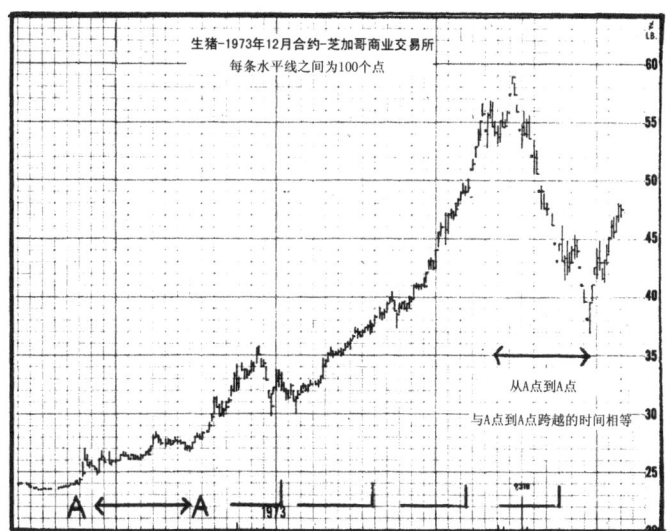

就我个人而言，我宁愿把钱存起来。无论是哪种商品，只要数出图表上两个主要低点之间间隔的天数，我就能够获得可信度较高的重要循环周期。我们以猪腩期货为例，根据第66页的图表，猪腩价格大约每25天就会触底。

如果能够找出最后几个重要的底部，那么我们只需要正着数出这个周期的长度，就能够估算出下一个周期应该开始的时间。很简单吧？令人惊奇的是，这个方法能够有效地预测出你应该在什么时候开始为迎接下一波行情建仓。

我们可以用同样的方法确定卖出时点。只要数出从一个顶点到另一个顶点所跨越的天数，然后从最近的顶点向后数同样的天数即可。在这期间，可能会有一些卖盘进入市场，或许还会创下顶点。

尽管商品价格的波动周期对于选择买多或卖空的总体时间段非常有帮助，但它们却无法预测即将来临的行情的强弱程度。周期只是一个选择时机的工具，它并不能预测出未来的行情有多大。在一波明显的熊市行情中，空头主力重新占据优势之前，商品周期显示的买入时段会表现为多次小幅的反弹或是区间震荡。

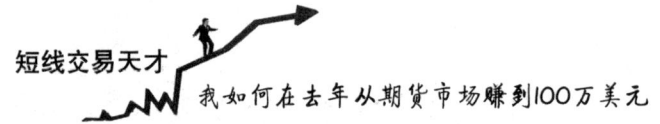

注意观察在生猪期货 12 月合约的走势图中,周期(从 A 点到 A 点)是如何准确的预测出后来出现的反弹行情。还要注意观察周期并没有预测出行情的强弱程度,只是预测出了行情会在何时到来。

什么时候按开盘价买入

我发现开盘委托指令通常结果不尽如人意。只有两种情况应该按开盘价买入。

当你想要买入一种你感觉将要出现大幅反弹的商品时,是使用开盘委托指令的最好时机。这种商品必须处于超卖状态。这就意味着该商品的百分比读数(我们在前面提到过)应该低于 85%。其次,检验该商品的收盘价是否等于或是接近当天的最低价。

如果确实存在这种情况,我们几乎就能确定价格将会在第二天一早急速下滑——开盘时就会创下当天的最低价。

如果该商品的价格没有崩溃,那么就给你提供了一个在开盘时买入的绝佳机会。为什么?就是因为从前一天的收盘价来看一种商品的价格应该下跌,但实际上它却没有下跌,说明它的走势与预期相反。因此,行情非常利多,你最终仍然会得到很好的回报。

当然,如果是卖出或卖空,只要把上述过程反过来即可。首先寻找超买的情况。然后需要某个交易日收于最高价。在接下来一个交易日的早盘,如果你倾向于卖出或卖空。就可以使用开盘委托指令。

在开盘委托指令中亏掉的钱远远超出你的想象。通常情况下,商品的开盘价与前一天的收盘价之间存在着很大的差距。如果你有足够的耐心等待价格回落,那么这个差距几乎总是会得到填补。

第十章　期货市场有用的交易提示

什么时候使用市价委托

我认为，只有在你非常急于买入并且绝对必须买入某种商品期货时，你才应该使用市价委托。那么，什么样的情形能够迫使你"极度需要"这种期货合约呢？

根据我的情况，我会使用市价委托，如果：

1. 接连几天我都试图买入，但是在市场中参与竞价却未能成功。我必须买入这些仓单，所以我要用市价委托。

2. 我推断该商品出现的大幅下跌（或强烈反弹）是一波假的行情。如果我发现价格跌停而我又认为不应该跌停时，我会使用市价委托。我们很难说价格什么时候开始回升。我要争取在最低点买入，不想让自己的买入价与最低价之间存在太大差距。

只有在这两种情况下，才应该使用市价委托。

关于这一点的诀窍是不要随波逐流。当每个人都想要卖出时，你正处于一个非常好的买入时点，价格会在这个买入价的基础上迅速反弹。

资产规模很小的交易者如何去"测试"市场

过去，据说利弗莫尔（Livermore）和基恩（Keene）经常会"测试"市场。如果市场是看涨的，他们就会卖出。没错——他们会卖出一些期货合约。如果他们发现这些合约很容易卖出，（更重要的是这些卖盘很快出现获利）他们就知道这个市场并不坚挺，应该避免在那个时候做多。大家可以想象的出，测试市场不仅需要巨额的资金，也需要巨大的勇气。

资产规模很小的交易者能够测试市场吗？我认为可以。实际上，我可以反复"测试"市场却不用冒一分钱的风险。任何人都能做到！我

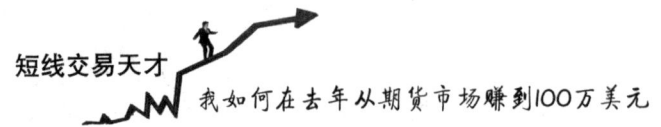

们不是通过买入或者卖出进行测试,而是通过在你真正对市场感兴趣之前一直耐心等待。

当你真正对市场产生兴趣时,你可以对自己说,"好吧,我要测试市场了,我要看看市场是不是真的非常坚挺。我要假装自己卖出了100,000蒲式耳的小麦"诸如此类的话。你不是自己卖出,而是等待股票行情纸带上显示市场上已经卖出了这个数量的商品。

然后你采取观望态度,看看市场如何吸收这些卖盘。如果市场对此毫不在意并且继续上扬,你就知道市场表现坚挺。那么你就可以放心买入了。

我们来谈谈搭便车!用别人的钱告诉你市场到底有多么看涨或看跌,是世界上最好的办法。让其他可怜的家伙去为他刚刚做空或卖出的100,000蒲式耳的小麦而担心吧。那是他的问题。但是,他的卖出操作会让深刻了解到市场上的状况——而不用花费分文!

如果你没有股票行情纸带,那就在你决定买入之后再多等待几个小时。如果价格仍然坚挺,你买入获利的可能性就会大大提高。

三的奥秘

我不知道为什么,但是似乎每次我试图买入一种商品并且错过了前两个进场点位时,第三次尝试买入会成功并且出现亏损,因为价格很快就会反转。

这是真的。每当我们如此急迫的想要买入某种商品时,特别是如果它的价格正在反弹,我们总是会买在顶部。这里的窍门在于保持冷静,避免盲目追涨杀跌。

每个交易日的前一个半小时都可以分为三段,每半小时为一段。在第三个半小时的买入不可能像第一个半小时那样正确。这是因为行情会转为下跌趋势。

第十章 期货市场有用的交易提示

你还会发现一波反弹行情中的第三天通常会成为短期的顶部。只要价格连续三天上涨,在第四天和第五天出现下跌的几率高达82%。

出现大行情的五天信号

这个有意思的技术信号在市场中非常有效。它相当简单,并且能够发现一些大的行情。当价格连续五天收涨时,市场就发出了信号。这种超乎寻常的坚挺表现意味着行情将会继续上升。如果是在一个熊市行情中,价格连续五天收跌则意味着行情将会进一步下跌。

这并不是说大的行情会在第六个交易日延续。这只是说明,在五个交易日之后,你最好寻找机会进场。

无论什么时候,只要价格突然突破震荡区间,连续五天不间断的朝着相同的方向波动,你就知道这个市场上存在着异常旺盛的需求。

本月行情上涨的几率是多少

大部分商品都有着很强的季节性趋势。接下来我们会探讨这方面的内容,但是现在,我们要先来看一项咨询服务,伦恩·库克发布的商品期货数据服务。

在每周的行情通报中,库克都会向定制了该项服务的用户提供一张图表,图表中会显示出每种商品过去十年中下个月的价格上涨次数的百分比。从库克先生的研究可以看出,在过去十年当中,小麦12月合约在10月份上涨的几率是90%,而玉米12月合约在10月份上涨的几率只有10%。

根据库克的研究,过去十年当中,铂1月合约在9月份上涨的几率是100%。白糖3月合约在9月份上涨的几率仅有20%。库克先生列出了20种交投最活跃的商品在过去十年中的上涨几率。

短线交易天才
我如何在去年从期货市场赚到100万美元

当然，没有人会单纯因为季节性趋势就买入一种商品，但是它是一个不错的确认工具，能够帮我们识别对我们有利的价格偏差。同时，这个工具也能让你注意到某种原本可能会忽视的商品。

写信到萨默维尔市682信箱，邮编NJ08876，就能获得库克先生行情通报的样本。

此外，还有一些相当可靠的季节性趋势值得大家注意。橙汁总是在10月份的前两周开始一波强烈的反弹行情。请注意观察橙汁的长期走势图。大家可以看到橙汁是如何在10月份的前两周展开大幅反弹的。

大家还会发现猪腩通常会在8月份和10月份的最后一周出现大幅上涨。小麦通常大约在6月1日、10月1日和12月1日迎来绝佳的买入机会。土豆的一个季节性趋势是在9月1日开始反弹，并在来年的3月中旬转为卖出机会。

蛋类通常会从6月底开始上涨，直到12月底迎来绝佳的卖出机会。

不可思议的是，小麦和猪腩都会在每年的5月份迎来绝佳的卖出机会。

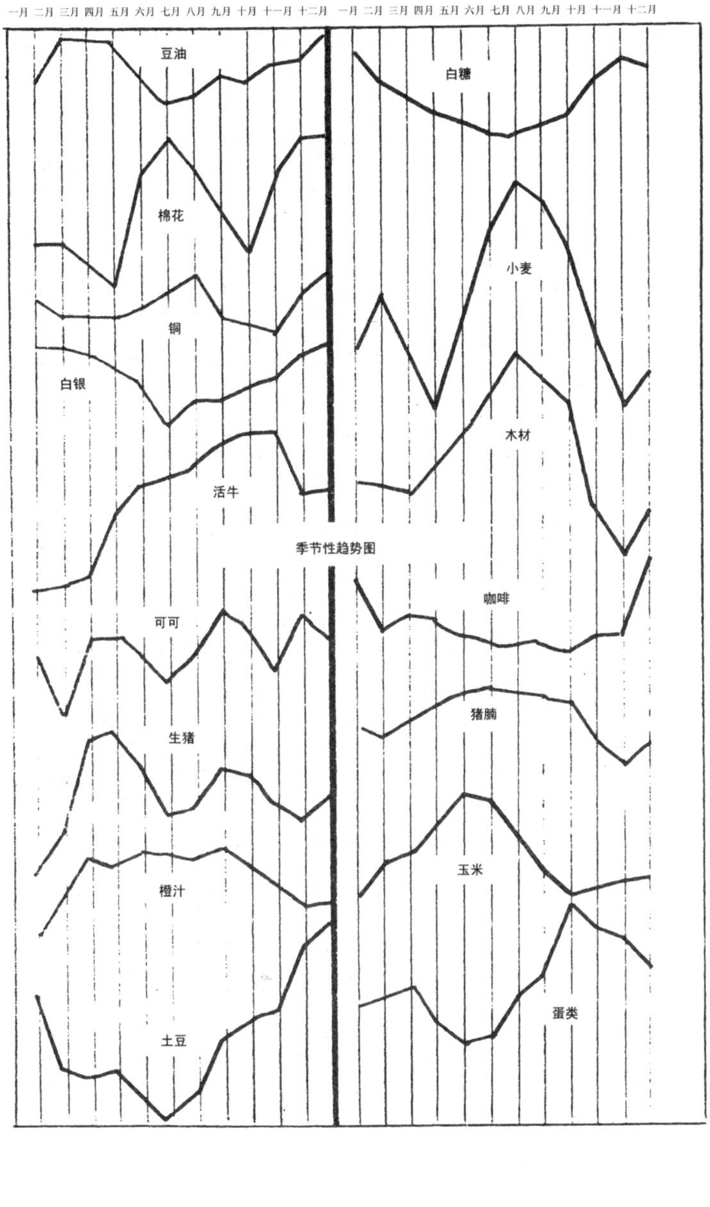

第十章 期货市场有用的交易提示

一月 二月 三月 四月 五月 六月 七月 八月 九月 十月 十一月 十二月　一月 二月 三月 四月 五月 六月 七月 八月 九月 十月 十一月 十二月

豆油　　　　　　　　　　　白糖

棉花　　　　　　　　　　　小麦

铜

白银　　　　　　　　　　　木材

活牛

　　　　　季节性趋势图

可可　　　　　　　　　　　咖啡

生猪　　　　　　　　　　　猪腩

橙汁　　　　　　　　　　　玉米

土豆　　　　　　　　　　　蛋类

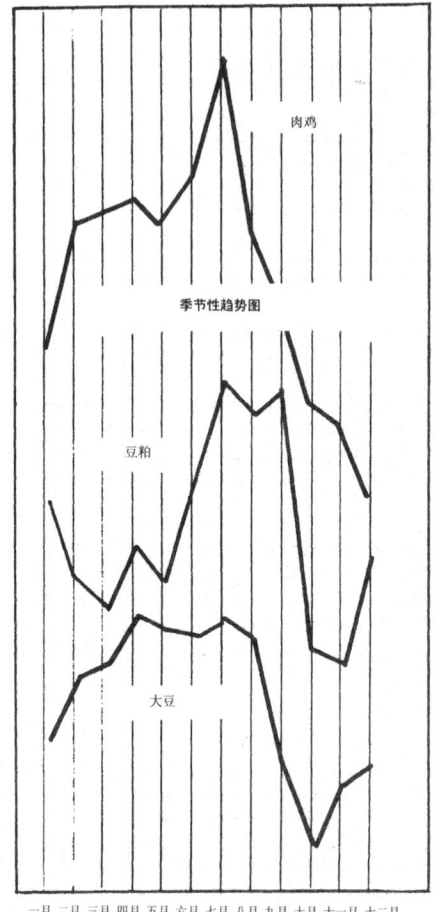

玉米通常会在3月中旬出现买入机会。肉鸡通常会在每年的1月份出现上涨趋势，而可可则通常会在7月底出现买入机会。

下面的图表可供大家学习参考之用。我已经列出了自己发现的季节性趋势，还有一些需要大家自己去学习。我建议大家可以持续跟踪这些非常棒的图表。

更多关于机构投资者的信息

如果你现在还没有从这本书中学到任何东西，你就应该特别重视机

第十章 期货市场有用的交易提示

构投资者在市场中的操作动向，而不是投机者的操作动向。我们前面已经讲了未平仓合约、升水和大型交易商报告。然而，还有另一种方法可以获得更多关于机构投资者的信息。

这需要劳驾你的友好的经纪人，需要让他到交易所的交易大厅问清楚大规模买入或卖出的究竟是何许人。

经纪人带回的答案无外乎这几种，要么是本地资金、机构投资者，要么就是证券经纪公司。

总的来说，本地资金和证券经纪公司对于市场的判断并不是特别准确。因此，如果他们是当天市场波动的最大驱动力，那就不能说明什么问题。但是，如果你的经纪人得知一些机构投资者，像嘉吉公司（Cargil）、百威公司（Peavey）等等导致了市场的波动——我们就应该加以关注了。

如果你每天查看交易所公布的信息，并且发现机构投资者持续买入的趋势，那么这个信息会更加有意义。如果机构投资者在价格持续疲弱的阶段进行买入，那么它的意义就会被无限放大。如果机构投资者愿意涉足一个正在下跌的市场，你就发现了一个绝佳的交易机会。

何处设定止损点

如果你进行交易，就必须设定止损点。最常见的方法是将止损点设定在价格突破本应构成支撑的区域附近。这并不是什么新鲜的方法。如果价格跌破昨天的最低价，或是过去四天的最低价，许多"交易系统"都会进行止损离场。

我用两种方式设定止损。一种是以价格为基础，另外一种是以时间为基础。

当你在自己的图表上仔细研究寻找止损点时，你必须意识到其他人也在做着同样的事情。其他交易者通常会把止损点设在略低于本应构成

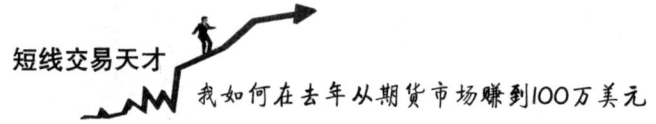

支撑的位置。在下图的例子中，大部分交易者会把他们的止损点设在 A 点或是略低于 A 点的位置。

在意识到这个问题之后，我会把我的止损指令设在略低于其他交易者的止损指令的位置。在这个例子中，我的止损点将会是 B 点。这样我就放心了。"如果真要进行止损的话，首先要对许多其他人进行止损。"

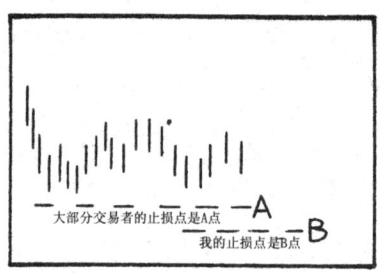

第二种价格止损的方法对于程式化交易者和初学者最为理想。这种方法要求你在任何一张合约上所承受的亏损不得高于 400 美元。这个金额就是你固定的止损点。简单来说，我们在咨询服务中所用的止损就是采用的这种方法。我们很少愿意让用户承受亏损高于 400 美元的风险。

这个计划非常简单易行。你需要做的只是告诉你的经纪人在什么价位处设定止损。对于市场新手或是缺乏自律性的交易者来说，这可能是最好的方法。

时间止损

你也可以根据一个时间段内市场的表现来设定止损。如果在这个时间段内市场没有达到你的心理位置，你就自动止损离场。假设你在周一买入了小麦期货。如果你所期待的行情直到周四也没有出现，我建议你最好离场。这就意味着你使用了四天止损。商品价格必须在四天之内开始预期的行情，否则就说明你的预测有问题，而你必须重新回到观望状态。在认真研究了无数张图表，进行了无数笔交易之后，我得出了这样一个结论，那就是四天是设定时间止损的最佳跨度。

第十章 期货市场有用的交易提示

如何运用心理止损

许多交易者可能会说他们用的是心理止损。这就意味着，当一个交易者推断价格已经跌至他们心理的风险价位时，他们就开始卖出。

这样做的好处是，这个止损点只有你自己知道，那些交易大厅的经纪人却不知道。从理论上来讲，这似乎没什么问题。但是，在我认识的人当中，没有一个人能够在交易中成功的运用心理止损。随着价格迅速跌至心理卖出价位，我们会对行情重新进行判断，而在这个过程当中，往往难以运用心理止损。下面举个例子：

几年前，一项被广泛使用的咨询服务在通告中建议对一只股票在某个确定的点位设定止损。这位咨询顾问也为他的客户买入了这只股票，但是他选择了心理止损。

不巧的是，这只股票一路惨跌，一直跌到行情通告中公布的止损点，从而令用户蒙受了4到6个点的损失。然而，这位咨询顾问并没有对他管理的账户进行心理止损，而是幻想着价格回升后再卖出。遗憾的是，这只股票的价格再也没有回头，而是骤降到0点，彻底击垮了这位依赖心理止损的咨询顾问和他的客户。

关于未平仓合约的最后一点意见

警惕性高的交易者会持续跟踪监测未平仓合约的数量来帮助他进行一些交易时机的选择。当未平仓合约数量在一两天内大幅减少，与此同时，从我们所用的其他指标也能看到买入信号时，我们就应该进行买入操作。

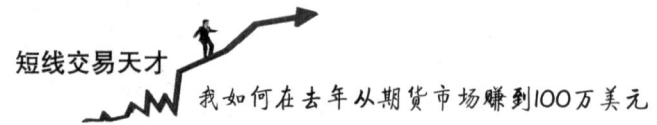

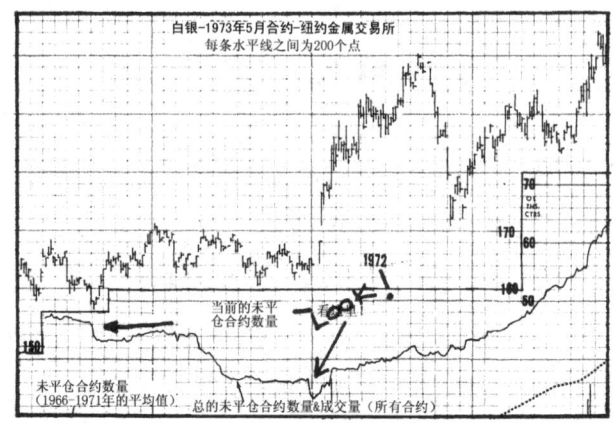

如果你怀疑未平仓合约数量在一两天内减少的重要程度，我建议你研究一下书中的白银价格走势图。注意观察白银几次较大幅度的反弹都是出现在未平仓合约数量一天内大幅减少之后。

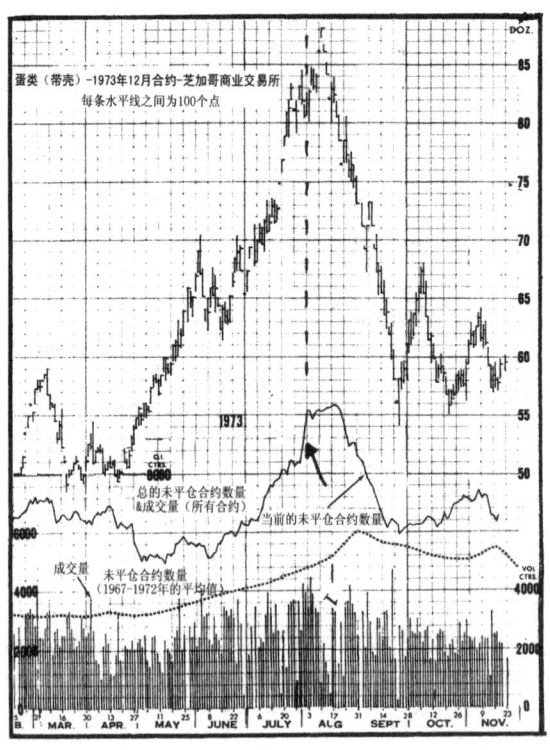

再看蛋类 12 月合约以及它在 1972 年 8 月创下的阶段性顶部。注意

第十章 期货市场有用的交易提示

观察在蛋类价格创下历史新高的前一天,未平仓合约数量的大幅增加。

1973年3月油菜籽的未平仓合约数量在两天之内大幅减少了10%,显示出明显的买入信号。这里的重点是未平仓合约数量的减少既迅速又猛烈。这种未平仓合约数量的变化显示出市场经历了机构投资者彻底的重新评估,趋势的改变也在酝酿当中。

你还会发现未平仓合约数量与季节性趋势之间的分歧也十分重要。我们可以从几个方面来看待这一点。

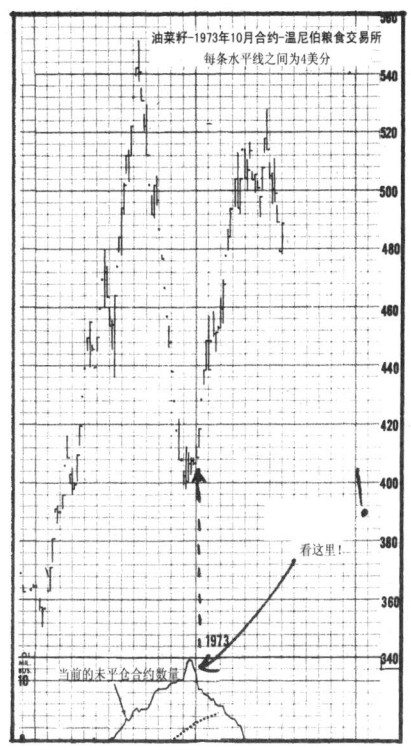

如果未平仓合约的跌幅大于季节性趋势,或是商品研究局图表服务提供的未平仓合约三年的平均值,你就可以尝试买入操作。还有一种情况是,未平仓合约可能会在季节性趋势显示出上涨迹象时出现短暂的减少。这也是你进行买入的时机。

注意观察繁荣的猪腩市场如何在1973年同时上演了上述两种情况。

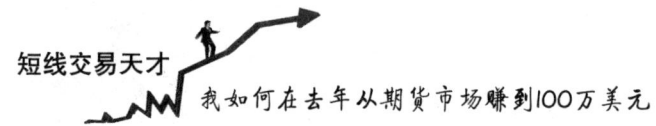

未平仓合约十分利多，预示着价格将会继续走高。未平仓合约数量远远低于季节性趋势，并且经常难以随着季节性趋势的上涨而增加。

这种与规范状态的偏差为市场参与者提供了许多有价值的信息。

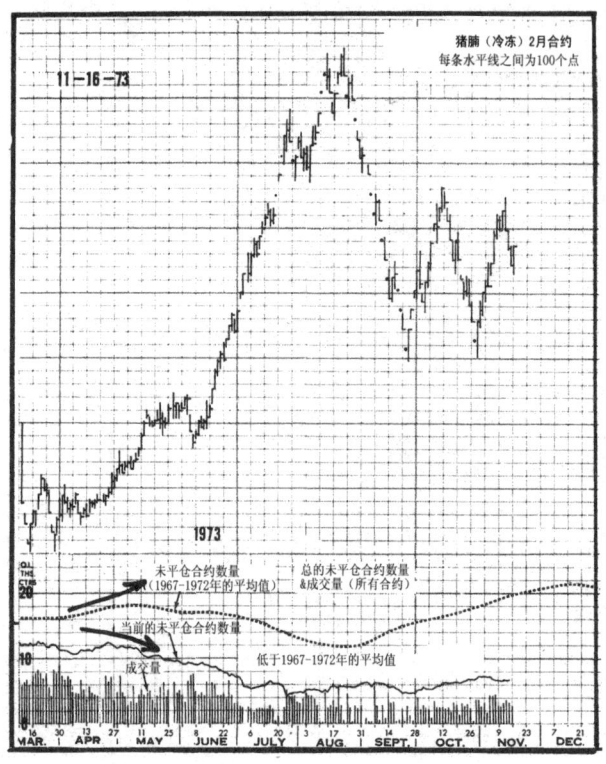

如何预测明天的最高价和最低价

尽管我承认我们不可能总是准确的预测出明天市场的最高价和最低价，但是今天，我想向大家介绍一个预测方程式，它始终能够显示出下一天的价格将会走向何处。

第十章　期货市场有用的交易提示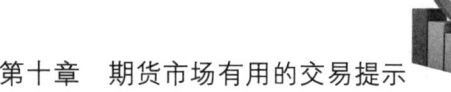

我的基准价格公式

要得到明天可能的最高价，首先计算出今天的最高价、最低价和收盘价的总和，然后除以三。为了方便起见，我把这个数叫做基准价格。用基准价格减去今天的最低价，然后再用这个差值加上基准价格，你就会得到明天最高价的预测值。

举个例子来说明如何预测明天的最高价。1973年10月24日，白糖3月合约的最高价为9.60，最低价为9.22，收盘价为9.55。把这三个数加起来等于28.37，然后用28.37除以3，得打基准价格为9.45。接下来，用基准价格9.45减去最低价9.22。得到预测的波动值为0.23，最后用0.23加上基准价格9.45，也就是9.45+0.23=9.68，这就是次日最高价的预测值。

1973年10月25日，白糖3月合约的当日最高价为9.70！

要想在今天预测出明天的最低价，先算出基准价格，用今天的最高价减去基准价格，再用基准价格减去这个差值，假设明天的价格将会下跌，那么你就得到了明天最低价的预测值。

我们也举个例子来说明如何预测明天的最低价。1973年10月24日，可可3月合约当日的最高价为57.29，最低价为55.25，收盘价为56.25。把这三个数加起来，然后除以3，得到基准价格为56.26。用今天的最高价57.29减去基准价格56.26，得到预测的波动值为1.03，再用基准价格减去1.03即可。这就得到明天最低价的预测值为55.23。第二天可可3月合约最低下探至55.40，与我们预测的最低价仅仅相差0.17点。

公平地讲，我应该补充一句，预测最高价和最低价最好使用我讲的这种方法，如果你预测明天价格将会走高，那么就用这个公式计算明天的最高价。这是最有希望正确的预测。同样，只有商品在第二天处于跌

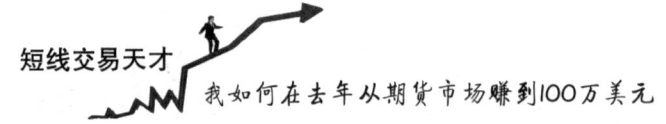

势的情况下，预测出的明天的最低价才可能是正确的。

有些时候，你们会发现第二天的价格超出了预期。如果出现了这种情况，预测第二天的最低价和最高价通常是用基准价格减去或加上昨天的波动幅度。举例说明，如果基准价格是65.00，假设昨天的最高价为66.50，最低价为65.00，那么昨天的波动幅度为1.50，用基准价格减去1.50得到今天的最低价。用基准价格加上1.50的波动幅度就得到预测的第二天的最高价。

基准价格公式不可能永远正确——所以不要过于迷信这个公式，或是在这个公式上花费过多的时间。但是，我相信它能在选择止损点、下单价位水平等方面为你提供一些帮助。

如何准确判断一波行情的高点和低点

我认为，我们有可能多次准确判断出一波短线行情的高点和低点。这种判断方法如此简单，以至于大多数图表分析派都忽略了这个重要的工具。我希望大家没有将它忽略！

在我第一本关于股票市场的书里，我特别强调了开盘价对于蓄势、价格分布格局对于日内成交量的重要性。就我所知，这的确是选择股票和交易时机的诀窍。

在商品期货市场中，开盘价对于发现反转日也有着十分重要的作用。

实质上，从下跌趋势到上涨趋势的反转日的形成，首先是价格开盘低于前一个交易日的价格，然后继续大幅下探，跌至前一个交易日的最低价下方，接着价格出现回升，并且收于当天波动区间的顶部。

举个简单的例子，如果昨天的交易区间的最低价是45.00，而今天市场的开盘价是46.00，接着跌至42.00，然后反弹至日内高点47.00，最终收于46.00。这就显示出下跌趋势已经结束，市场将要开始出现上

第十章 期货市场有用的交易提示

升趋势。

当价格高开高走，然后收于当天的最低价或最低价附近，那么上升趋势就结束了。

无论使用哪种交易工具，大家都要牢记，卖出信号在已经确立的下跌趋势中有效，买入信号在已经确立的上升趋势中有效。除非行情已经见顶，否则牛市行情中的卖出信号没有意义。

关于交易的最后一点提示

交易提示源自于对市场的观察和实战。我建议大家通过对市场持续不断的检验和反向的验证来观察市场的真实状况。把观察到的情况记录下来，进行比较，并且寻找它们之间的关系。

我相信大家能在市场中发现很多有益的启示。认真研究市场表现并把观察到的情况记录下来，这样你就能够在日后回过头来证明你的预测是正确的。

微信扫码添加舵手图书知识陪伴官
获取更多增值服务资料

第十一章　立竿见影的制胜法则

在所有的投资对象当中，我认为没有什么能比商品期货赚钱更快捷、更容易。我曾经投资过大型的房地产项目、商业票据、银行承兑汇票、未开垦过的土地、股票、债券，几乎投资过所有东西。但是没有什么能比得过商品期货。更重要的是，我认为这种好的态势将会延续下去。

随着商品期货成交量逐渐超过股票市场，我相信我们正处在从证券投机转向期货投机的边缘。这种状态的行程存在着许多原因。也许最重要的原因是商品期货更容易交易。然后就是商品期货所需的保证金更低，最后是商品期货是真实的，而股票是虚拟的。

股民们谈论起商品期货的投机属性，好像总是认为期货市场波动剧烈，并且蕴含着巨大的风险。我承认期货市场确实会带来一定的风险，但是我想告诉大家每年都会有一些大型公司的价值从每股 50 美元跌到一文不值。真的是这样，像宾州中央运输公司（Penn Central），Revenue Properties，Cameo Records，美国产权基金公司（Equity Funding）和生态科学公司（Ecological Sciences）（只举几个例子）的破产都证明了股票的风险远远大于商品期货。

玉米和小麦永远都有一定的价值。相反，股票却可能遭遇停牌，股

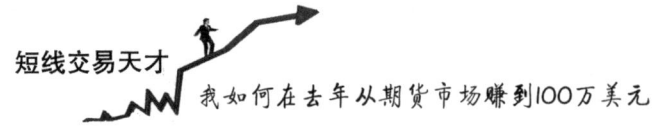

价也会在一夜之间化为乌有！

越来越多的投资者认为，市场容量将会不断扩大，流动性也将不断增强。这会件好事，但是期货市场不应该在曾经令华尔街发生质变的蜕变前屈服。期货市场的稳定应该归功于商品期货的现实属性以及经济顾问委员会（CEA，Council of Economic Advisers）和证券交易委员会（SEC，Securities and Exchange Commission）富有远见卓识的监管权力。尽管如此，商品期货的前景十分看好，在当前的20世纪70年代，你们正处于即将迎来市场迅速扩张的有利地位。

两个因素将会引发市场规模的迅速扩张。第一个是投资者对于股票市场的觉醒，第二个是我们所见到的美国农业资源的巨大消耗。

正如20世纪50年代早期，企业成长非常容易，需求也非常旺盛，我们现在会发现商品也处于十分稀缺并且需求旺盛的阶段。

多年来，美国政府贮藏了数十亿蒲式耳小麦、玉米和大豆。我们还存储了大量的黄油、蛋、肉以及品种繁多的商品。然而，这种情况已经不复存在了。根据所有政府机构显示，我们国家已经不再从事商品贸易。这些声明令这种局面的出现看上去像是偶然。

我认为这种局面的出现确实是偶然的——对于富有远见的投机者而言。还记得几年前当美国人突然意识到我们用于实际应用的黄金供应下降到零时，发生了什么吗？

黄金价格暴涨，从30美元一盎司飙升到120美元。

在这个戏剧性的事件发生之前，美国联邦储备系统在全国范围内派出发言人，试图说服我们美国仍然有着充足的黄金，黄金价格也将在30美元-40美元之间保持稳定。事实上，我所目睹的联邦储备系统的这种作秀恰恰暗示了黄金的价格有可能会跌到25美元。

我相信对于商品期货而言也是一样。这个国家已经对又一种重要的经济工具失去了控制。我们故意去储存商品，这样政府就可以消除由于大自然的变幻莫测而带来的市场繁荣和萧条。

第十一章 立竿见影的制胜法则

现在,所有这些都变成了过去的美梦。当前的市场价格就是一个很好的例子。政府分析人士预测 1974-1975 年将会出现大丰收。粮食产量的增加足以令价格下跌。

我们可能会出现粮食大丰收。然而,缺乏降雨、冰雹、严重干旱、枯萎病或是其他任何一种灾害都能完全抵消由于产量增加导致的价格下降。当农作物短缺时,任何事情都可能发生。这将是一件非常有趣的事情。

这就是下一个十年市场走势的关键。假设美国不再进行存货,在农业饥荒之年,农民们的产量能不能跟得上市场需求并且创造出结余?

关于这个假设我们暂且讨论到这儿。让我们重新回到现实吧。

今天做什么

假设你已经彻底理解了这本书的内容,并且做好了开始进行交易的准备,接下来的第一步应该是定制一项咨询服务,准备一些空白的图表纸和一个记事本。

然后,带着你的记事本和笔前往最近的图书馆,去查询你想要跟踪交易的商品的相关数据。你可以查阅《华尔街日报》或是《商业日报》。

栏目标题包括七列,分别是开盘价-最高价-最低价-收盘价-未平仓合约数量-%R-10 周移动平均线。你们制作的图表应该是这样的:

开盘价　最高价　最低价　收盘价　未平仓合约数量　%R　10 周移动平均线

对于你想要跟踪的商品,当你搜集到充足的数据资料之后,可以从 50 天价格指数开始作为一个技术指标。如果你懒得自己制作图表,你可以写信到《商品期货的时机选择》,加利福尼亚州蒙特利市 #2,Munras 大街 850 号,邮编 93940,我们会向您提供一份计算机打印的技

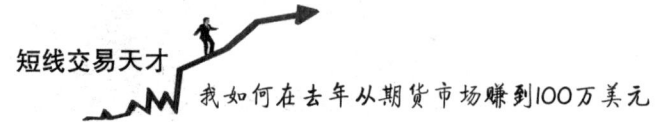

术指标和其他必要的数据资料,其中包括下面的样本中显示的当日收盘价与 20 天移动平均线之间的差值。

商品 豆油

合约 7509

日期	开盘价	最高价	最低价	收盘价	未平仓合约数量	50 天	25 天动量线	%R
750626	21.60	22.15	21.40	21.80	30032	21.21	-0.05	12
750627	22.10	22.20	20.80	21.85	30075	21.13	-1.10	48
750630	20.55	20.80	20.35	20.57	30120	21.05	-1.18	60
750701	80.60	20.70	19.80	19.87	29652	20.97	-0.88	86
750702	19.90	20.35	19.85	20.25	29340	20.91	-0.15	75
750703	20.75	21.25	20.60	21.25	29177	20.87	0.57	40
750707	21.25	21.75	20.90	21.00	28984	20.83	0.50	50
750708	21.05	22.00	21.00	22.00	28655	20.82	2.35	8
750709	22.25	22.95	21.95	22.65	28862	20.83	2.73	10
750710	22.35	23.65	22.35	23.35	29101	20.85	3.30	8
750711	23.40	24.35	23.35	24.35	29514	20.89	4.50	0
750714	24.40	25.25	23.70	23.78	28957	20.92	4.45	27
750715	23.65	24.20	23.25	23.58	28549	20.96	3.66	31
750716	24.00	24.35	23.35	24.25	28765	21.02	4.70	19
750717	24.60	24.60	23.50	23.75	29038	21.08	3.95	32
750718	23.50	23.60	22.80	23.10	29249	21.12	3.90	49

这项服务的收费标准是:提供一个合约前 50 天的数据资料收费 10 美元,一个合约是指小麦 12 月合约或小麦 3 月合约或小麦 5 月合约,等等。这不包括一组合约的数据资料的价格,您额外定制的每 10 天的数据资料收费是 1.50 美元。定制这项服务能够极大的节约计算历史价格的时间。

第十一章 立竿见影的制胜法则

既然大家已经掌握了技术面的信息，就应该开始运用图表了。选用那种质量较好，干净挺拓的纸。最理想的刻度应该是 10，因为这是大部分商品期货的交易单位。大家迅速的将历史数据在面前设定好，然后进行观察。

仔细研究《商品研究局图表》和《商业日报》上刊登的每日报价，就能帮你选出最有发展潜力的市场。研究升水和未平仓合约数量的变化。你还应该寻找季节性趋势。

大部分时间应该花在哪里

选出一个或两个稳赚不亏的超级交易应该花费你最多的时间。你需要在比较不同的市场方面进行大量的准备和思考，找到最佳的未平仓合约变化模式，并且仔细检查升水情况。而一般人仅仅因为所有的技术波动看上去能够带来更多的利润，就趋于迅速的选择交易机会。

在现实当中，正如我反复强调的那样，除非你在最初选择交易机会时对于基本面的判断是正确的，否则所有的技术工具都只会让你陷入困境。在选出潜在的能够赚到大钱的交易机会面前，技术资料只是次要的。

在选择这种交易机会时，唯一需要看的技术工具是 10 天移动平均趋势线。对于牛市行情来说，这条线应该向上倾斜；而对于熊市行情来说，这条线则应该向下倾斜。

关于使用技术工具的附加提示

此时此刻，我可以断定大家已经在商品期货市场中仔细寻找了最能激发人兴趣的交易机会。如果你们像我一样（我认为你们正像我一样），你们将会迫不及待的买入或卖出你们已经选出的商品。而这样的做法通常是错误的。

我过去无数次对自己想要进行交易的市场进行彻底的研究，选出合适的商品，并且对于该商品未来的价格走向形成了很好的感觉，但是最终还是以亏损收场。这是为什么？

现在回想起来，我发现自己对于市场前景如此激动和兴奋以至于我过于迅速的冲进市场。由于变得对市场过于痴狂，我买入的时机总是过早，总是会出现止损，然后损失资金。

为了避免在你的交易当中出现类似的问题，我想鼓励大家在选择交易机会中要拿出最大的耐心。等待%R指数发出有效信号或者动量指标形成长期的趋势线穿透。如果这两种情况都没有出现——那你一定要小心了。

图表形态的买入信号和卖出信号将会是你最后一着。这些信号的主观性非常强，所以你最好真正理解了本书当中的内容。反复确认是否确实出现了关键的反转日。

我们是自己最大的敌人。缺乏耐心和禁不起等待是导致亏损的最大的原因。此外，如果指标非常接近，或是图表形态看上去非常像我们所期待的情况，我们总是立即进场交易，这也是导致我们亏损的原因。记住，不要强迫自己立刻做出决定。等待市场发出明确的信号。

当你发现信号出现时应该怎么做

我现在假设你已经选出了将要进行交易的商品并且正好出现了买入信号。接下来的问题是，你应该买入多少合约——在什么时间以什么价格——以及你应该在何处设定止损。

我们前面讲过，你必须拨出一定数量的资金专门用于期货交易。无论这笔资金是1,000美元还是100,000美元，你都必须留出一定的准备金。

第十一章 立竿见影的制胜法则

你们大家要和我一起在这个交易游戏中获胜——通过制定一系列的交易计划，并且不折不扣地执行这些计划。我认为我们的交易计划是不可战胜的，根据我们的交易计划，我们必须清楚自己全部的资金量。

一旦我们清楚了这个金额，我认为明智的做法是确定你能够接受的亏损的金额。作为一条不可动摇的规则，你绝对不能让自己承受的损失超过你全部期货资金（下文称之为资产）的 5%。

我们假设，你决定在价格出现两个跌停板时止损离场。以猪腩期货为例，这就意味着 720 美元加上 45 美元的佣金，也就是 765 美元。如果你的资产是 10,000 美元，这就意味着只要买入一张合约就需要承担 8% 的风险。相应的，我们从资金管理的数学运算中得知，止损点位必须上移到风险为 5% 的位置，这样我们的总损失就会是 500.00 美元。大家在交易中按照上述的方法进行操作，告诉你的经纪人止损位应该设定在哪里。

偶尔，你会发现你的止损点与市场价格非常接近。在那种情况下，你可以多买入几张合约。我们假设，从图表以及你对市场的个人感觉来看，如果猪腩期货下跌了 0.5 美分你就要进行止损。对于每张合约来说，这就意味着止损损失是 180 美元加上佣金。

运用我们的 5% 止损法，意味着 10,000 美元的账户可以买入大约三张合约，这样仍然符合我们的止损规则。

你如何获利

参与市场交易只会出现两种结果。一种是价格朝着对你有利的方向运行，你将会获利，另一种就是价格朝着不利于你的方向运行，你将会被止损离场。

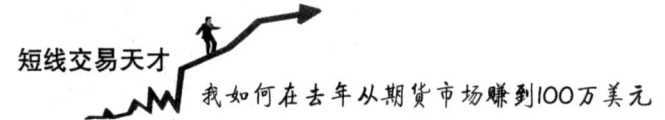

当你被止损离场时应该怎么做

如果价格对你不利,你将会被止损离场。一定不要让这种事情发生在你的身上。市场并不是讨厌你,这也不能说明你对于特定的期货市场没有感觉。这只能说明你在交易中还不够成熟。不要因此而退缩。要记住,你已经将这种情况认定为超乎寻常的大行情。

因此,你应该离场观望,等待下一个进场机会。不要让之前的亏损搅乱你的思绪或是让你对这种商品存有偏见。

1973年秋天我做的最好的一笔交易是在白糖市场上。我知道白糖价格将会继续走高,所以我在白糖市场上做多,但是最终还是被止损离场,导致损失。第二天我重新回到白糖市场,买入了与被止损的同样数量的合约。那个时候,我非常害怕。在前一天被止损,然后第二天重新进场会让你看上去十分愚蠢,但是有时候你就是需要这样操作。

当然,你也会想去研究其他的市场,但是一定不要放弃你已经认定为"头号交易机会"的商品。

职业交易者如何处理他们的获利

职业交易者和业余交易者在处理获利方式上的区别在于,职业交易者不会放弃任何一点收益。业余交易者似乎更愿意放弃他们自己辛苦赚来的血汗钱。

我能在1973年的市场中取得如此优异的成绩,其中一个原因就是我很快学会了不放弃任何一点收益。这是通过迅速了结亏损的交易并且为稳赚不亏的交易设定宽松的止损来完成的。在1973年牛市行情开始之初获利丰厚的交易者后来几乎将获利全部回吐,因为他们开始对市场漫不经心了。他们抽身去度假,没有设定止损,或者仅仅是因为他们已

第十一章 立竿见影的制胜法则

经习惯了先挨过下跌就能迎来上涨的情况。因此，当不可避免的大幅下跌终于来临时，他们继续持有原来的多头仓位。

他们学过一条有成效的策略——买入并持有——却没想到会在必须学会新的交易策略时成为买入并持有策略的顽固信徒。

扪心自问，"谁赚到了钱——是怎样赚到的？"在一个较长的时期内，如果只是多头赚钱，或者只是空头赚钱，又或者只是进行波段操作的人赚钱，你就可以确信他们错误地以为这种买入并持有的策略会永远有效。事实不会如此。市场会竭尽所能的收回他们的资金。

不要让这种情况发生在你身上。在靠近你的多头仓位的下方设定止损；大约 1 个跌停板就足够了。对于你的空头仓位也是如此，但是要设定大约 2 个涨停板。不要害怕在上涨强烈的交易日中卖出——要知道，即便是走势最强劲的市场也会出现修正。当价格在经历一波大行情之后开始表现的过于不理智时，准备好在下一个走势强劲的交易日卖出，或是在下跌明显的交易日回补空单。

送给大家的最重要的交易建议

毫无疑问，我能送给大家的最重要的交易建议是：

仅在下跌日买入

仅在上涨日卖出

这个建议价值连城。正如所有好的市场技巧一样，人们很难严格遵守这一建议。但是，这个建议非常激动人心。它能够让你以最具优势的价格建仓，从而令你处于受保护、稳扎稳打的有利地位。

羊群效应驱使我们在上涨日买入，而概率论（在商品期货中非常有效）则告诉我们上涨日之后更有可能出现下跌日。特别是在一波行情的第三个上涨日或第四个上涨日之后，更有可能出现下跌日。不要被这些伎俩所欺骗！

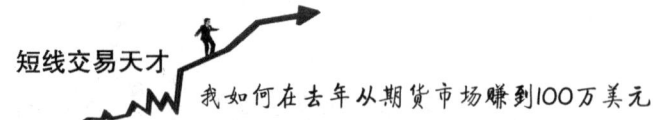

何时获利了结

总而言之,紧紧抓住你那些盈利的仓位,并在合理的位置设定止损。

坚持持有仓位,直到你被止损离场,或者

1. 长期的动量趋势线被突破,或是
2. 出现了暴涨行情

结果只会在上述的三种情况中产生,而不会是其他结果。最常见的是,你在市场进入修正阶段时被止损离场。这没有关系。你要准备好再次建仓,迎接这种商品的下一波大的行情。

这种回撤和整固将会持续5-20天。它们的终止以及新的趋势的产生,都会通过%R和/或动量指标发出信号。假如这些信号都没有出现,(它们通常会发出信号)图表形态将会向你发出何时重新进场的指示。

何时移近止损点

有些时候你可能想要把止损点移动到距离市场价格较近的位置。一个主要的标准是,当你的周期分析告诉你市场将要进入下一个循环阶段,卖盘压力将会涌现。

又或许是到了新月或满月阶段。这是出现反转趋势的绝佳时机,因此我们可以将止损点移动到距离市场价格较近的位置。

如果近期合约的升水开始瓦解,也可以提高止损点的位置。重新阅读书中关于升水的内容以及我对失去升水的重要性的解读。当这种情况出现时,我们就可以确定市场即将陷入疲弱行情。我们通过这样的信号可以清楚地知道,要将止损点向上移动以保护我们的资金。

第十一章　立竿见影的制胜法则

结束语

本着简洁的原则，我在这本书中解释并探讨了我在去年的市场中资金翻了100倍所用到的交易方法和交易工具。我相信，无论主题是什么，一本好书必须要语言简练、内容丰富。在本书中，我插入了大量的例子进行分析讲解，我相信这也是大家所喜欢的方式。

书中所提到的概念、观点和工具都非常好。对它们进行合理的运用，你就能够轻松的在商品期货市场中获利30%-100%。

请大家相信我已经将自己全部的秘诀尽数道出，并无任何隐瞒。付印的书稿就是我对于商品期货交易的全部了解。非常感谢广大读者的来信，虽然我没有时间一一回复，但是这本书却能够解决大家的疑问。我个人的电话号码不便公开。我需要独处中进行市场研究和交易操作。

预祝大家成功

你真正希望自己多么成功，就会变得多么成功。如果，你在内心深处想要失败，即便是用我的交易系统，你也找到失败的办法。如果你只是想获得一点点的盈利，我的交易系统能够帮你实现这个目的。如果你想像我一样获得巨大的盈利，书中的交易系统对你也同样适用。

我非常享受创作本书的过程，同时也希望大家能够喜欢这本书。只要市场上存在商品期货交易，书中的观点就有着不可估量的价值。

祝大家好运，把握住每一个好的交易机会！

声　明

　　本书中提到的所有商品期货交易，组合形态，图表，系统等仅作说明之用，请勿理解为咨询建议。还需要注意的是，没有一种交易方法或投资方法是万无一失或容易掌握的，过去的表现也并不能保证未来的表现。本书中的所有观点及资料均由作者提供，不一定代表出版社或经销商的观点。

　　这本书的价值的最好体现并不在于成百上千的赞美来信，而是它的英文版已经再版，德语版也已经付诸印刷了。

　　买回这本书，你就能够从总体上了解市场，了解到我是如何翻了100倍，以及我所使用的交易工具和技巧。书中记述的事件发生在1973年……那一年是个大牛市行情。不过这无妨，早在1973年以前，我所使用的交易工具就已经被开发出来，当交易商们不再谈论1973的惊人行情，这些交易工具在很长一段时间内仍将有效。

　　作为一个在市场和个人生活中都经历过沉浮的人，我想跟你们分享一点感悟，那就是我们绝不能逃避生活，而必须全身心地投入生活，我们应该牢记美好生活的价值远比任何成功交易的价值大的多。

　　心存温暖，寒冬便不会降临。

拉瑞·威廉姆斯

特别感谢

　　书中所有用来说明威廉姆斯先生所创技术的每日市场图表均承蒙美国商品研究局提供。美国商品研究局位于纽约市自由广场（邮编10006），其发布的图表和出版的图书是每一个交易者的必读之物。